KLAUS P. FISCHER

BEGEGNET
GOTT
IM

SCHICKSAL ?

Impressum:

BEGEGNET GOTT IM SCHICKSAL?
von Klaus P. Fischer

Herstellung und Verlag:
Books on Demand GmbH, Norderstedt
ISBN 978-3-8482-2384-8

2. Auflage vom 10. Oktober 2012

(Hrsg.) V.i.S.P:	Adlerstein Verlag
	Hans-Jürgen Sträter
	Wacholderstr. 26
	26639 Wiesmoor
Tel.:	04944-5815
Fax:	04944-5839
Email:	kontakt @ adlerstein.de
Internet:	www.adlerstein-verlag.de

Coverfoto: von E. Kolmhofer, H. Raab; Johannes-Kepler-
Observatorium Linz, aus Wikimedia commons

INHALT

VORWORT

Das vorliegende kleine Buch hat Vorgänger, denn sein Thema war dem Verfasser schon früher ein Anliegen.

So das Bändchen „Zufall oder Fügung?", 1977 in der von Hans Küng herausgegebenen Reihe Theologische Meditationen erschienen, 2011 überarbeitet und neu aufgelegt im Adlerstein-Verlag.

Später folgte die große Studie „SCHICKSAL in Theologie und Philosophie", 2008 bei der Wissenschaftlichen Buchgesellschaft erschienen.

Weiter ist zu nennen die Abhandlung „Schicksal, Fügung, Gott", veröffentlicht in der Innsbrucker Zeitschrift für katholische Theologie 2011, Nr.1, 49-68.

Das vorliegende Buch kann und will die vorgenannten Studien nicht ersetzen. Es zieht jedoch manche Darlegungen, überarbeitet, aus ihnen heran, um ihren Ertrag weiteren Kreisen zugänglich zu machen. Das gilt zumal für *Teile* der Kapitel 4, 7, 8-13 dieses Buches. Doch handelt es sich nicht um bloße Wiederholung von früher Geschriebenem, sondern (wie der Verfasser meint) um dessen Fortschreibung, Vertiefung und Konkretisierung

Vielleicht ergeben sich auf diesem Wege Einblicke, die auf immer wieder sich einstellende Fragen, Zweifel und Probleme antworten und von wenigstens einigen der zahllosen Menschen, die sie vorbringen, als weiterführend oder hilfreich empfunden werden.

Nicht zuletzt wird sich zeigen, ob der biblisch begründete Glaube vor den großen Menschheitsfragen schweigen muss oder vielmehr seine ureigene Botschaft zu geben hat.

Der Haupttext dürfte allen geistig Interessierten verständlich sein; die Anmerkungen sind oft fachlicher Art.

Biblische Zitate sind, wo nicht anders angegeben, vom Verfasser übersetzt.

BEGEGNET GOTT IM SCHICKSAL?

Je älter man wird, umso häufiger begegnet – in unterschiedlichen Formulierungen – die Frage, die im Titel gestellt ist. Es sind eigene und fremde Lebenserfahrungen, welche die Frage hervorrufen. Die sogenannten großen Katastrophen (wie Erdbeben, Tsunamis, Vulkanausbrüche, Flugzeugabstürze etc) scheinen sich nur quantitativ, nicht qualitativ zu unterscheiden von den ´kleinen` Katastrophen des Alltags, des individuellen Lebens. Schwere Erkrankung, Verlust des Arbeitsplatzes, plötzlicher Todesfall u.a. sind für unmittelbar Betroffene meist nicht weniger bestürzend als ein großes Unglück, das Tausende trifft. Für jeden betroffenen Menschen stellt sich – er mag davon sprechen oder nicht – wenigstens indirekt die Frage nach dem Ganzen des eigenen Daseins: ob es, angesichts der katastrophalen Situation, im Nichts der Sinnlosigkeit zu verorten ist oder im Vertrauen auf ein Sinn-stiftendes *Mehr*. Nicht zuletzt hängt davon ab, ob und in welcher Weise Leidgeprüfte sich zu Hinnahme, Weiterleben oder Neuanfang entschließen.

Die folgenden Seiten wollen dazu beitragen, die christliche Botschaft, nach Musterung historischer Alternativen,[1] als mögliche Hilfe für das Bestehen der unvermeidlichen Schicksale neu zu erschließen.

Der Verfasser geht dabei vorrangig aus von der römisch-katholischen Glaubensüberlieferung, doch ohne Scheu, Beiträge anderskonfessioneller Herkunft aufzunehmen.

In unübersichtlichen Zeiten mehren sich wieder jene Leser, die, ehe sie die Lektüre beginnen, vom Autor wissen möchten, ob er die offizielle katholische Lehre (die Lehre seiner Kirche) vertrete oder zugrundelege.

Auf diese Vorfrage ist nicht so leicht zu antworten, wie es scheinen mag.

---

[1]   Ausführlich in meiner Studie SCHICKSAL.

11

Die naheliegendste, bequem zu erreichende Auskunft über die Inhalte der katholischen Lehre bietet der umfangreiche „Katechismus der Katholischen Kirche" (von 2003). Allerdings fehlt im Stichwortregister des „Katechismus" das Stichwort *Schicksal*. Was den „Katechismus"-Verfassern an diesem Thema wichtig ist, handeln sie unter dem Leitwort *Vorsehung* ab.[2] Die entsprechenden Sach-Nummern enthalten viel Richtiges und Nützliches. Doch fehlt es weithin an ´Bodenhaftung`. Weder geht man von den Fragen der Menschen aus, noch werden die Menschen selbst, ihr Leben mit Schluchten und Krisen, ihre deswegen häufig in Frage stehende Beziehung zu Gott zum Thema. Ausführlich ist die Rede von Gott, seinen heilvollen Absichten, von Wundern seines Waltens. Von den Lebensproblemen entfernen sich die Autoren auch damit, dass sie, auf augustinischer Linie, beteuern, das „moralische Übel" sei „unvergleichlich schlimmer ... als das physische Übel".

Als „physische Übel" gilt traditionell alles irdische Unglück – von Zahnschmerzen bis hin zu dem allseits gefürchteten Einschlag eines kosmischen Steinbrockens (Meteorit), der den Großteil der Menschheit (wie vor Zeiten die Saurier?) auslöschen könnte.

Eine andere Wahrnehmung empfiehlt der evangelische Theologe *Wilfried Härle*. Erfahrung und Gespür lassen ihn die Worte des Philosophen-Gesprächs in *Georg Büchners* Drama „Dantons Tod" ernst nehmen: *Man kann das Böse leugnen, aber nicht den Schmerz; nur der Verstand kann Gott beweisen, das Gefühl empört sich dagegen.*

---

[2] Die Autoren verneinen zweimal die Existenz des „blinden Schicksals" (284.295), nennen Furcht vor einem „Schicksalsschlag" als eines der Motive von Selbstmördern (2282) u. verwenden das Wort noch fünfmal in allgemeiner Bedeutung i.S.v. Lebensende, Ziel, Vollendung u.ä.

Dazu *Härle*: Auf der Gefühlsebene wird das Theodizeeproblem (die ´Rechtfertigung` Gottes vor Leid und Schicksal) „am intensivsten wahrgenommen, erlebt und erlitten". Alle philosophisch-theologischen Argumente pro et contra zum Theodizeeproblem „werden dann problematisch, wenn sie diese Ebene ... ausklammern oder verdecken. Das geschieht dann, wenn eine Theodizee-Position so mit dem Übel umgeht, dass ... die Klage über das Übel keinen Raum mehr hat".[3]

Diese zutreffende Bemerkung ist indes nur Teil eines größeren Einspruchs. Seit jeher suchen Philosophen und Theologen eine *Theorie*, nämlich eine *Er*klärung für das Vorhandensein von als Schicksal erfahrenem Leid im Angesicht eines *guten* Gottes. Aufsehen erregt, wer angibt, er habe einen plausiblen Beitrag zur Theorie des Schicksals.[4] Der Gedanke, es könne sich um eine Frage handeln, deren Erhellung nicht in der Theorie, sondern auf dem Weg existentieller Praxis zu finden ist, wird kaum einmal erwogen. Fraglos wird vorausgesetzt, die Welt sei rational beherrschbar, enthalte keine Geheimnisse, höchstens Rätsel, die der Verstand wie Nüsse zu ´knacken` habe. Vielleicht aber liegt über der Welt und ihren allgemeinen Abläufen ein *mystischer* Schleier (wie *Wittgenstein* es andeutete), wo die Ratio nur weiterkommt, wenn sie über sich hinaus die *Hingabe* erlernt hat ...

---

[3] *Härle*, 452
[4] Die o.g. früheren Veröffentlichungen des Vf. erbrachten in den Augen von primär philosophisch Denkenden keine „Lösung des Problems" ...

1. Das Schicksal und der dunkle Gott

Die Frage, ob Gott im Schicksal begegne, wird immer wieder aufgeworfen, und nicht wenige Menschen antworten darauf mit Ja; sie sehen persönliches und kollektives Schicksal als Botschaft oder Fingerzeig Gottes. So nicht erst heute. Schon im Altertum waren die Menschen tief überzeugt, dass Götter – zuweilen auch Dämonen – Ereignisse von Glück und Unglück steuern, oft über eine Verkettung besonderer Vorfälle, Zufälle und Umstände. Allerdings war – das wird oft übersehen – im Empfinden der Alten schicksalhaftes Unglück oder Glück in der Regel geknüpft an Unrecht oder Recht, Frevel oder Frömmigkeit. Für die aus ägyptischer Bedrückung fliehende Mose-Schar war die im rechten Augenblick ermöglichte Durchquerung des Schilfmeers in Folge eines starken Ostwinds unverhofftes Glück als Nothilfe ihres Gottes, indes die verfolgenden Ägypter mit ihren Wagen im seichten Untergrund stecken blieben, bis zurückflutendes Wasser sie unter sich begrub. Das Verhängnis traf Ägypter, weil es die hebräischen Zwangsarbeiter drangsalierte und der Pharao, statt seine Zusagen einzuhalten, den ihm unbekannten Gott der Hebräer herausforderte (Ex 8-15). In der Ödipus-Tragödie des altgriechischen Dichters *Sophokles* trifft eine Pest die Stadt Theben, weil ihr König – obschon unwissentlich – seinen Vater getötet und seine Mutter geehelicht hatte. Um die Pest abzuwenden, muss Ödipus persönliches Unglück auf sich nehmen: er verliert Frau, Thron, Heimat und sein Augenlicht (bis heute sagt der Volksmund von einem Unglücklichen „Er hat die Pest"), weil es sich um todeswürdige Vergehen handelte, deren Straffolgen nur die Götter selbst mildern konnten.

Bis heute fragen Menschen, denen schweres Leid zufällt: „Womit habe ich das verdient?" Einige finden Antwort, andere hadern und verzweifeln in dem Gefühl, ein „unverdientes" Schicksal zu erleiden.

Doch sind solche Deutungen heute wie damals nicht unbestritten.

Ein konkretes Beispiel von heute: ein Motorrad-Fahrer erlitt beim Aufprall auf ein Auto eine schwere Verletzung der Halswirbel-Säule, überlebte den Unfall mit knapper Not und äußerte, kaum wieder ansprechbar: *Da hat der da oben für mich am Rad gedreht!* Doch ein Besucher lieferte eine andere Version: *Du hast eben Glück (ein Zufall!) gehabt, dass die Kraft hinter deinem Aufprall nicht zu heftig, der Aufprall-Winkel günstig war – es hätte viel schlimmer ausgehen können!* Hier wurden zwei Deutungen geboten: eine religiöse und eine physikalische (oder physikalisch klingende). Können beide in ihrer Sicht Recht haben, die Aussagen nebeneinander wahr sein ?

Problematischer – wegen der Dimensionen – klingen in heutigen Ohren Versuche, den pazifischen Tsunami von 2004 mit seinen mehreren hunderttausend Opfern, den Hurrikan „Ike", der 2008 New Orleans zertrümmerte, das Erdbeben von Haiti, das 2010 ebenfalls Hunderttausende tötete und ähnlich viele arm machte, nach antiker Manier als Botschaft, ja als Strafe Gottes zu deuten. Der Aufstand des modernen Menschen gegen solcherart Deutungen hat sich in *Albert Camus`* Roman „Die Pest" ein Denkmal gesetzt: ein Arzt bekämpft aufopfernd die Pest, während ein Priester sie als göttliches Strafgericht predigt. Bemerkenswert aber auch die verbürgte Nachricht, dass viele betroffene Haitianer in den schweren Stunden bei Gott Zuflucht suchten, statt ihn für die Katastrophe anzuklagen: Gott Nothelfer, nicht Verursacher!

Viele Europäer der Neuzeit freilich fanden durch unverständliche Schicksale, denen man fast hilflos gegenüberstand, ihren Glauben an Gott tief in Frage gestellt. In Spätmittelalter und Neuzeit waren es die grauenvollen Pest-Epidemien, die ganze Landstriche entvölkerten, sowie, bald nach deren Rückzug, das schockhafte Erdbeben von Lissabon (1755), die die Gemüter am Gott der Kirche zweifeln ließen.

Der sechsjährige *Johann Wolfgang Goethe* habe, so schreibt er später, die Nachricht so empfunden: „Eine große prächtige Residenz ... wird ungewarnt von dem furchtbarsten Unglück betroffen: Die Erde bebt und schwankt, das Meer braust auf, die Schiffe schlagen zusammen, die Häuser stürzen ein, Kirchen und Türme darüber her ... Sechzigtausend Menschen, einen Augenblick zuvor noch ruhig und behaglich, gehen miteinander zu Grunde ... Die Flammen wüten fort, und mit ihnen wütet eine Schar ... Verbrecher,... und so behauptet von allen Seiten die Natur ihre schrankenlose Willkür". Goethe erwähnt die daraufhin überall einsetzenden Betrachtungen, Erwägungen und Strafpredigten von Seiten der Gottesfürchtigen, Philosophen und Geistlichen. Doch der Knabe war tief betroffen: „Gott, der Schöpfer und Erhalter Himmels und der Erde, den ihm die Erklärung des ersten Glaubens-Artikels so weise und gnädig vorstellte, hatte sich, indem er die Gerechten mit den Ungerechten gleichem Verderben preisgab, keineswegs väterlich bewiesen".[5]

Diesen Schluss zog als Zeitzeuge auch der schottische Philosoph *David Hume* [6]: Die Erfahrungen, die Menschen in und mit der Welt machen, ließen, statt auf einen „gütigen Vater" - Gott, eher auf einen „harten Herrn"

---

[5] *Goethe*, Dichtung und Wahrheit, Erstes Buch
[6] *Hume*, Dialoge, XI

schließen, der seinen Kindern zu viel zum Sterben, aber zu wenig zum Leben mitteile, ja dem ihr Schicksal im Grunde gleichgültig sei. Für *Voltaire*, der das Erdbeben von Lissabon literarisch verarbeitete, waren selbst solche Überlegungen noch zuviel. In seinem Roman „Candide" trat er am Ende für einen aller Spekulation entsagenden Pragmatismus ein, den sich bis heute viele zueigen machen: „Wir müssen unseren Garten bestellen"!

Entsprechende Zweifel und Zeugnisse sind auch bei anderen namhaften Literaten zu finden, wie etwa *Kleist*, *Büchner* und *Storm*.

Selbst ein bekennend christlicher Dichter wie *Reinhold Schneider* († 1958) rang mit dem Gott der Frohen Botschaft: Was ihn aus den „rotierenden Höllen" der Natur anblicke, sei „die schreckliche Maske des Zerschmeißenden, des Keltertreters; ich kann eigentlich nicht ´Vater` sagen". [7] Selbst für den Gottgläubigen gelte: „Aus einer unbegrenzbaren kosmischen Dunkelwolke schimmert schwach ein einziger Stern; das muss uns genug sein, mehr ist nicht geoffenbart" (241).

---

[7] Winter in Wien, 119

2. Überlegungen zur Herkunft des Schicksals

Nun kann man fragen, wie denn die frühen Christen mit Katastrophen zurechtgekommen seien, sind solche doch nicht erst in der Neuzeit, sondern auch schon in der Antike aufgetreten. Man denke an den furchtbaren Ausbruch des *Vesuv* im Jahr 79 n. C., dem etliche Städte samt Bewohnern zum Opfer fielen, wie *Pompeji* und *Herculaneum*, um nur die bekanntesten zu nennen. Frühchristliche Schriftsteller widmeten sich, um es nicht ´aufzubauschen`, dem Thema allerdings eher verhalten, da Volkes Stimme im damaligen Römer-Reich bei jedem schweren Unglück schnell bereit war, die Christen als Schuldige auszumachen, weil diese die Staats-Götter nicht verehrten und so deren Zorn erregen würden. *Tertullian* (2./3.Jh) versuchte, den Stiel umzudrehen und katastrophale Geschehnisse als Zornesäußerungen des wahren (christlichen) Gottes über die verbreitete Verehrung falscher Götter auszugeben [8] – mit wohl geringem Erfolg. *Klemens von Alexandria*, Zeitgenosse Tertullians, stellte die – bis heute aktuelle – Frage nach dem Beitrag der Menschen selbst zu ihrem Unglück.[9] Wichtig war ihm der Glaube, dass Gottes Vorsehung auch das Böse und Leidvolle „zu einem heilvollen Ende" lenke.[10] *Lactantius* (4. Jh) setzte sich mit *Epikurs* Einwand auseinander – Gott kann oder will die Übel der Welt nicht beseitigen, in keinem Fall ist er dann Gott – und verteidigte die Alternative, dass Gott es nicht wolle.

---

[8] Verteidigung, XXI

[9] Schon ein Jahrtausend früher nahm *Homer* die Götter gegen Anklagen in Schutz: die Menschen sollten nach sich selbst u. ihren Freveltaten forschen: Odyssee I 32-34

[10] Teppiche, 1. Buch

Denn – so sein Argument – die Existenz des *malum* (lat für Übel oder Böses) sei die Bedingung für die Unterscheidungsfähigkeit des Menschen vor Gut und Böse – und diese wiege die Übel auf; würde Gott die Übel aus der Welt entfernen, würde der Mensch dieses Unterscheidungsvermögen einbüßen.[11]

Augustinus übernahm zunächst die Problemlösung der Stoiker: Glück und Weisheit erlangten nur jene, die unvergängliche Güter von vergänglichen zu unterscheiden und ihr Herz nicht an Vergängliches zu hängen gelernt hätten.[12] Außerdem sei anzunehmen, dass ein uns verborgenes Gottesgericht das Glück für die einen, Unglück für die anderen steuere, denn Gott sei unzweifelhaft gut und gerecht, menschliche Freiheit aber geschwächt und zur Sünde geneigt. Leid und Unglück stünden so stets unter dem Verdacht, Strafen für Sünden zu sein. Gott aber, der allein die gesamte Schöpfung und die Funktion ihrer Teile und Vorgänge überblicke, könne mit seinem Heilswillen jedes Unglück auch zum guten Ende führen.[13] Auch Augustinus bemerkte, dass großes Leid vielfach auch Kinder nicht ausspart (das Leid der Unschuldigen als Frage an Gott wird zentrales Thema neuzeitlicher Dichter wie *Büchner*, *Dostojewskij* und *Camus*).[14] Doch Augustinus, in unerschütterlichem Glauben an Gottes Gerechtigkeit wie auch an Gottes Letztzuständigkeit für Leid und Unglück, sah leidende Kinder nicht unschuldig, sondern schuldig – schuldig nicht im persönlichen Sinn, sondern als Mitträger, seit Geburt, von Adams Sünde: in Adam nämlich – so übersetzte er (unkorrekt) Röm 5,12 – hätten alle Menschen, auch die später kommenden, mit-gesündigt.

---

[11] Vom Zorn Gottes, 73ff; 98-100
[12] Über das glückliche Leben, 25-26
[13] Gottesstaat, XX, 1-2; XI, 18; XVI, 8
[14] In Reaktion auf die Erzählung Mt 2,13-18 begeht seit dem 5. Jahrhundert die Kirche am 28. Dezember das Gedächtnis der „unschuldigen Kinder" von Betlehem, worin sich freilich nochmals das Fest der Geburt Jesu Christi spiegelt.

Diese Folgerung meinte er ziehen zu müssen, weil er an Gottes Gerechtigkeit nicht zweifeln wollte. Diese Glaubenshypothese übersteigerte er jedoch schließlich so sehr, dass ihm am Ende Gott als der einzig Gerechte erschien, woraus sich die Idee einer Prädestination Gottes über Heil und Unheil der Menschen ableiten ließ.

Von daher versteht man, dass bis heute Theologen, deren Weltbild und Glaubensverständnis maßgeblich von Augustinus geprägt ist, Leid und Unglück weit weniger empfindsam registrieren als die Sünde und das Böse, das Menschen aus freiem Willen tun.

Etwa ein Jahrhundert später ging auch der römische Philosoph und Christ *Boethius* von Gottes Gerechtigkeit aus. Differenzierter, einfühlsamer als Augustinus betonte er aber Gottes tätigen Willen, Böses oder Schlechtes zum Guten zu wenden, einem Arzt ähnlich, der weiß und wägt, was für einen Patienten jeweils heilsam ist.[15] Diesen Heilswillen und Gerechtigkeitssinn Gottes nannte er „Vorsehung". Erst wenn die Vorsehung aus Gottes Geist in die zeitliche, bewegte Welt eintrete, werde sie zum Schicksal.[16]

Mit dieser Unterscheidung wurde er zum Anreger des Kirchenlehrers *Thomas von Aquin*. Auch für ihn ist Schicksal Ausfluss der göttlichen Vorsehung, wenn diese *in* der Welt konkret wird. Wie Gott selbst sei seine Vorsehung eins und ganz (in Gott), teile sich aber gleichsam örtlich und zeitlich auf, sobald sie sich in die Welt der Dinge und ihrer Vernetzung übersetze. Das heißt, Gottes Vorsehung wirke in der Welt nicht unmittelbar als sie selber, sondern bediene sich der Dinge, Faktoren, Phänomene, Wechselwirkungen, Gesetzmäßigkeiten, Entwicklungen usw., die Thomas „Zweit-Ursachen" (auch *causae mediae*) nennt.[17]

---

[15] *Boethius*, Trost, IV, 111-127. 193ff; ähnlich später der *Koran*, Sure 18
[16] Trost, IV, 26-66
[17] Comp. theol., c. 124f; Summe III cc. 77. 93;

Das bedeute umgekehrt, dass Menschen, die in ihrer Lebenswelt nach der Herkunft von wunderbaren oder erschreckenden Erfahrungen suchen, stets auf innerweltliche Ursachen stoßen, während Gott immer ferner, größer und umfassender bleibe als die rekonstruierbare Ursachenfolge, also nicht ´dingfest` zu machen sei (als ´Kopf` der Ursachen-Reihe). Für das Schlechte in Lebenserfahrungen komme als Verursacher daher nicht Gott selbst in Frage, dafür müssten die Zweit-Ursachen eintreten: ihre Endlichkeit, Begrenztheit, ihre Mängel, Verschleiß usw. und, soweit es sich um Menschen handelt, deren Irrtümer, Beschränktheit, nicht zuletzt Bosheit.[18]

Auch für *Nikolaus von Kues* (15. Jh) ist die Vorsehung der tiefste Grund der Welt, nicht der Zufall (wie schon in der Antike *Epikur* mit den Atomisten wollte). Gott ist für Nikolaus die Einheit oder „Einfaltung" aller Gegensätze, die geschaffene Welt aber deren „Ausfaltung". Das für Menschenaugen Viele, Vielerlei und Gegensätzliche sei es in Gott nicht, sondern werde dazu erst durch raumzeitliche Dehnung, Streckung, Teilung, ähnlich wie eine gekrümmte Linie endlich, als unendliche aber gerade ist. Nikolaus führte Leid und Tod demnach nicht auf einen rätselhaften (womöglich boshaften) Willen Gottes zurück, sondern erklärte, sie seien *grund*-los, insofern sie sich unmittelbar aus der Endlichkeitsverfassung der Welt und der Dinge ergäben. Die plurale Welt und ihre Vielfalt leide somit darunter, dass sie nur eine schwache, begrenzte Einheit sein kann.[19]

An dieser Sichtweise knüpfte *Gottfried Wilhelm von Leibniz* (17./18. Jh) an. Auch für ihn ist Leid, Unglück und Tod in der *Endlichkeit* der Schöpfung inbegriffen.

---

[18] Comp. theol., c. 141
[19] *Cusanus*, Unwissenheit, I 22. II 2; anregend hierzu: *Schillebeeckx*, 705-712 !

Nicht selten sei zudem ein Leid ein solches nur für die endlich-begrenzte Optik der Menschen. Aus höherer bzw ferner Perspektive betrachtet verliere es also oft den Charakter von Nur-Leid, zeige es sich auch als gut-für. Auch für Leibniz ist die Güte der göttlichen Vorsehung unantastbar. Aus ihr folgert er, der Schöpfung liege eine Raum und Zeit übergreifende Harmonie zugrunde. Allen möglichen Welten, die Gottes Geist hätte schaffen können, seien aber, weil sie alle endlich sind, Leid und Not quasi angeboren (mit metaphysischer Notwendigkeit), obgleich in verschiedenem Grade. Es sei aber keine Frage, dass Gott die bestmögliche aller Welten geschaffen habe, das heißt jene, worin ein Maximum an Gutem zu einem Minimum an Leid den weitestmöglichen Abstand hat. Leid-Erfahrungen und Erfahrungen des Guten, Schönen, Heilvollen gleichen, so gesehen, Zustandsgrößen der Schöpfung, und ihr Integrator zu vollendeter Harmonie sei nicht der allseits begrenzte Mensch, sondern Gott selbst in seiner vorsehenden Güte.[20]

---

[20]   *Leibniz*, Über den ersten Ursprung der Dinge, in: Fünf Schriften, 39-50; Metaph. Abh., Nr.30-31; Conf. phil., 57; Theod. III 241-245; Monadologie § 90

3. Zweifelnder Verstand und gott-loses Schicksal

Für den kritischen Blick von *Immanuel Kant* ist jedoch Leibniz` Rekurs auf Gottes überlegene, gütige Vorsehung, die auf eine universale Welt-Harmonie zielt, bloß ein „Postulat", keine aus der Erfahrungswelt zu schöpfende Erkenntnis – man könnte auch sagen: ein gläubiger Vorgriff über die Welt von Erfahrung und Erkenntnis. Es könne sich bei den zu Gott hoch kletternden Gedanken nicht um Erkenntnis handeln, weil „Allwissenheit dazu erforderlich" wäre.[21] Die Rückschlüsse aus der erfahrbaren Welt führen ja – das hatte *Hume* an Kant weitergegeben – eher zu einem Antipoden des christlichen Gottes: zu einem „harten", im Grunde gleichgültigen „Herrn", wenn nicht sogar nur zu einer „blinden Natur" (Hume).

Wie man sieht, markiert das Erdbeben von Lissabon (1755) einen Bruch in der Geistesgeschichte Europas. Die naheliegende Neigung, aus der sinnvollen Einrichtung und Ordnung der Welt auf ihren zuhöchst weisen, ordentlichen und fürsorglichen Urheber – Gott – zu schließen (physikotheologischer Gottesbeweis), war zuerst durch die Pestepidemien fraglich, dann wegen der Lissabonner Katastrophe für den Geist der „Aufklärung" unvollziehbar geworden, wie wir es beispielhaft bei *Goethe, Voltaire* und *Hume* sahen.

Kant machte sich zum Sprachrohr der um sich greifenden agnostischen Einstellung: er wolle dartun, „dass die Vernunft ... vergeblich ihre Flügel ausspanne, um über die Sinnenwelt durch die bloße Macht der Spekulation hinaus zu kommen".[22]

---

[21] Misslingen, 256. Moderne Philosophen, wie zB *P. Ricoeur*, äußern ähnliche Kritik: Le Mal, 26ff

[22] *Kant*, Kr. r. V. A 591 / B 619

Nun wurde der Begriff Schicksal in seiner antik-vorchristlichen Bedeutung wieder aktuell. Für die Zeitgenossen ergab sich aus der Skepsis der geistigen Wortführer eine zweifache Haltung. Die einen suchten in ihrem Schicksal einen zwar unverständlichen, aber vielleicht doch weise fügenden Gott, wie etwa *Ludwig van Beethoven*, der auf den Verlust seines Gehörs zuerst mit Selbstmord antworten wollte, später aber mit *Ergebung* reagierte und die zunehmende gesellschaftliche Isolierung als Hinweis deutete, nur noch für seine Kunst leben zu sollen.[23]

Friedrich Schiller, von der Ahnung beseelt, dass sein Schicksal, bei früh angegriffener Gesundheit, früher Tod sein würde, warb für „moralische Selbstentleibung", das heißt dafür, sich vom Schicksal unabhängig zu machen durch Zuflucht in der moralischen Gesinnung und Haltung.[24]

Andere nahmen die Katastrophen, die einen weisen und fürsorglichen göttlichen Lenker zu desavouieren schienen, als Quasi-Beweis der Gott-losigkeit der Welt.

Georg Büchner, jung verstorben, klagte: „Puppen sind wir, von unbekannten Gewalten am Draht gezogen"; der Schmerz, das Leid sei „der Fels des Atheismus" für den Verstand, aber mehr noch für das Gefühl.[25]

Bei *Theodor Storm* stürzt sich der Schimmelreiter, am Verlust von Frau und Kind verzweifelnd, in das „unbarm-herzig" stürmende Meer – eine „Sündflut". Den Tod seiner Frau kommentierte Storm so:

„Dort in der Ferne ahn ich den Abgrund;
Darin das Nichts".[26]

---

[23] *Beethoven*, Nr.1. 40. 171
[24] *Schiller*, 616f; s. dazu *Fischer*, Schicksal, 97-103
[25] Dantons Tod, 2. Aufzug, 5. Szene; 3. Aufzug, 1. Szene
[26] *Storm*, Gedichte, 86

Auffällig die Dissonanz zwischen gläubigen und nicht-glaubenden Zeitgenossen – bis heute. Entweder vertraut ein Mensch dem – freilich bei negativen Erfahrungen – oft unverständlichen Gott, oder er resigniert vor dem Schicksal und dem „Nichts", oder er bemüht sich, diesem – wie der antike Heros und der germanische Held – mit heroischer Würde entgegenzutreten.

Bis heute sagen die Leute, man wisse nicht, wer recht habe; die Frage sei unlösbar, unbeantwortbar.

Vielleicht lässt sich der Sachverhalt aber doch noch ein Stück weit aufhellen.

4. Von der Heilung der Blinden und den „Augen des Glaubens"

Dass die einen im Blick auf die Welt den Glauben an Gott verneinen, die anderen den Welt-Erfahrungen zum Trotz den Glauben an Gott bekennen, scheint keineswegs nur eine Sache der Einstellung, des guten oder bösen Willens zu sein. Vielmehr ist die Beschaffenheit der Welt selbst zweideutig und gibt daher weder den einen noch den anderen einfachhin recht. Zu Beginn der Neuzeit brachte der Mathematiker, Physiker und Philosoph *Blaise Pascal* das Problem auf den Punkt:

Ich blicke in alle Richtungen, und sehe überall nur Dunkelheit. Die Natur bietet mir nichts, was nicht Stoff für Zweifel und Unruhe ist. Wenn ich in ihr nichts sehen würde, was eine Gottheit bezeichnet, würde ich mich zum Nein entschließen; wenn ich überall die Anzeichen für einen Schöpfer sehen würde, würde ich friedvoll im Glauben ruhen. Doch da ich zuviel sehe für ein Nein und zu wenig für meine Seelenruhe, bin ich in einem kläglichen Zustand, wo ich auch hunderte Male gewünscht habe, dass sie (die Natur), *wenn ein Gott sie trägt, ihn ohne Zweideutigkeit bezeichne; und dass sie, wenn die Anzeichen, die sie gibt, trügerisch sind, sie ganz und gar unterdrücke; dass sie alles oder nichts sagen möge, damit ich sehe, welcher Seite ich folgen muss ... Mein ganzes Herz hat den Drang zu erkennen, wo das wahre Gut ist, damit es ihm nachfolge.* [27]

Wenige Jahre vor seinem Tod machte Pascal die persönliche Erfahrung eines Gottes, der sich nicht durch Natur und Kosmos, sondern in der Geschichte durch Mittler-Gestalten kundtut, also nicht durch zwingende Beweise, sondern durch Zeugnis und Begegnung:

---

[27] *Pascal,* fr. 229 (eig. Ü)

Gott Abrahams, Gott Isaaks, Gott Jakobs – nicht der Philosophen und Gelehrten. Gewissheit. Gewissheit. Empfindung. Freude. Friede. Gott Jesu Christi (Mémorial).

Pascal bezeugt mit vielen anderen eine Gewissheit, die nicht auf dem Weg des rechnend-experimentierenden, die Natur zum Maß nehmenden Verstandes erlangt wird. Ein berühmt gewordenes Aperçu (im Französischen zugleich ein Wortspiel) sagt bündig:

Das Herz hat seine Gründe (raisons), welche die Vernunft (la raison) gar nicht kennt (fr 277).

Es sei nämlich das „Herz", das „Gott erspürt, nicht der Verstand" (fr 278).

„Herz" umschreibt hier, wie auch oft in der Alltagssprache, das geistig-personale Zentrum eines Menschen. Dieses Zentrum jedes Menschen ist also – nach Pascal – fähig zu Gewissheiten,[28] die nicht Ergebnisse des im Feld der Natur experimentierenden und schlussfolgernden Denkens sind.

Man kann dies (trotz Pascals Kompetenz und Autorität) zweifelhaft oder verwegen finden, erst recht die Steigerung, die der Apostel *Paulus* zu meditieren aufgibt:

Paulus unterscheidet (in damals gebräuchlichem Vokabular) den „psychischen" vom „pneumatischen (geistlichen)" Menschen.[29] Der „psychische" Mensch ist der irdische, irdisch denkende, fühlende, strebende Mensch. Ihm steht gegenüber der „pneumatische", das heißt der mit Gottes Schöpfer- und Lebens-Geist (AT רוּחַ, NT πνεῦμα) begabte Mensch (1Kor 15,47). Auch der vom Tod auferweckte Mensch habe eine nicht-natürliche, nicht-vergängliche, sondern „pneumatische" Existenzweise (v 44ff).

---

[28] Selbst die grundlegenden Gewissheiten (Prinzipien) der Mathematik wurzeln im Herzen des Menschen (fr 282).

[29] *Psyché* vertritt das hebräische Wort נֶפֶשׁ und bezeichnet das beseelte, natürliche Trieb-Wesen (vgl. Gen 2,7).

Wie kommt es zu dieser Unterscheidung? Paulus hatte zusammen mit den ersten Christen offenbar die Erfahrung gemacht, dass Gott am gekreuzigten Jesus *schöpferisch*, das heißt, durch seinen schöpferischen Lebenshauch, Lebensgeist gehandelt hat und dass der „neue (todüberhobene) Mensch" Jesus nur von ihnen, vom göttlich-schöpferischen Pneuma Mit-erfassten (vgl. Apg 2,3f.33), gesehen, bezeugt und in seiner Bedeutung als Messias (Christus) verstanden werden kann. Der natürliche („psychische") Mensch dagegen, der diesen Geist mit jenen nicht teilt, verstehe es nicht, es komme ihm wie Unsinn vor, „da es nur im Pneuma (*pneumatikōs*) beurteilt werden kann" (1Kor 2,14; vgl. Jak 3,15; Jud 19). Wie Paulus selbst sagt, hört sich das für Außenstehende töricht, ja anmaßend (oder verdächtig) an: es wird ja eine Erkenntnisfähigkeit und wirkliche Erkenntnis beansprucht, die nicht jeder habe. Doch geben davon auch die Evangelien ein breites Zeugnis. Man denke an die Heilungen von *Blinden* in den Evangelien, darunter die eines Blind-Geborenen, Sinnbild für die natürliche Verfassung des Menschen. Sie alle werden geheilt vom „Licht der Welt" (Joh 9,5), und, *sehend* geworden, können sie sich Jesus anschließen (Mk 10,52 Par).

Die spätere theologische Auswertung gibt den Sachverhalt formal-technisch wieder: sie betont, die Inhalte des Glaubens, insofern sie Gottes Offenbarung bedeuten, seien rein „übernatürlich", natürlichem Verstand unzugänglich, nur im „Licht des Glaubens" einsichtig.[30]

---

[30] Katechismus der Kath. Kirche Nr.153; 1831; *Rahner /Vorgrimler* (1976), Art. Glaube; *Pieper,* 107-112

Umgekehrt charakterisierte der nichtgläubige Schriftsteller *Albert Camus* den Menschen ohne Gottes Offenbarung als *einen Blinden, der sehen möchte und doch weiß, dass die Nacht kein Ende hat.*[31]

Den Menschen, die allgemein an solch natürlicher Behinderung leiden, gilt aber die biblische Verheißung des Heils (Jes 35,4; 42,16; 61,1).

Davon erfüllt war wohl auch der Jude, der an die Mauer des Warschauer Ghettos schrieb:

Ich glaube an die Sonne, auch wenn sie nicht scheint. Ich glaube an die Liebe, auch wenn ich sie nicht spüre.
Ich glaube an Gott, auch wenn ich ihn nicht sehe.

Jesus treibt die Situation noch auf die Spitze: er sei zum Gericht in die Welt gekommen, „damit die, die nicht sehen, sehen und die Sehenden blind werden" (Joh 9,39).

Camus` Satz (wie auch sein Kontext) lässt erkennen, dass, biblisch gesehen, Blindheit in den großen Fragen nach Leben, Wahrheit, Gerechtigkeit, Leid, Tod, Sinn und Gott das *natürliche* Schicksal des Menschen ist, der sich auf natürliches (Vor-)Urteil, eigene Einschätzung, forschenden Verstand des *homo sapiens* allein verlässt, *es sei denn,* Gott selbst löse ihn von der Blindheit und lasse ihn teilnehmen an *Seiner* Wahrheit und Weisheit.

Diese biblische Sicht und Erfahrung wird von der Kirche als selbstverständliche Voraussetzung für jedes Gläubigwerden, Christwerden gehandhabt: zu jeder Taufe gehört u.a. das Ritual der „Öffnung der Sinne", damit der getaufte Mensch für den Heilbringer (Christus) Jesus – sinnbildlich zugegen im Osterlicht der Taufkerze – seh- und hörfähig wird.

---

[31] *Camus,* Le mythe 168 (eig. Ü); in einem 1948 vor Dominikanern gehaltenen Vortrag erklärte er, er habe der „christlichen Wahrheit ... nicht teilhaftig zu werden vermocht": (1960), 73

Der *mündig* gewordene Mensch soll diese realsymbolische Handlung jedoch für sich ratifizieren, indem er sich seine natürliche Behinderung Gott gegenüber (Blindheit, Taubheit usw) eingesteht und den Willen, davon geheilt zu werden, artikuliert (vgl. Mk 10,51 Par; Joh 5,6).

Wir heben diese Erörterung hervor, damit deutlich wird, dass gewisse Aspekte, von christlichen Denkern entwickelt, die seit der Antike bis zu *Thomas von Aquin, Nikolaus von Kues* und *Leibniz* über unser Thema nachdachten, auch dann ernst genommen werden dürfen, ja sollten, wenn eine nur rationale, monistisch-naturalistisch getönte Kritik sie bezweifelt; diese ist, wo es um das Wesentliche der Frohen Botschaft geht, gewöhnlich „blind", ihr fehlt ja das Sehvermögen der „Augen des Glaubens".

5. Die harte Realität der Welt: Medium für Vorsehung und Schicksal

Einer dieser Aspekte ist der Gedanke bei *Boethius* und Thomas, dass der Schöpfer auf die Geschehnisse der endlich strukturierten Welt nicht unmittelbar einwirkt, sondern in und mit den Mitteln der Welt selbst – Thomas spricht von Sekundär-Ursachen oder „mittleren" Ursachen, die Gott als Mittel, Medium oder Vehikel seines Wirkens dienen. Das bedeutet: Gottes Vorsehung bzw. Fürsorge nimmt selbst eine bedingt-begrenzte, räumlich geschiedene, zeitlich gestreckte, prinzipiell nichtgöttliche Gestalt/Erscheinung an.

Hier kommt die bei *Cusanus* und *Leibniz* formulierte Einsicht hinzu, dass Gottes Wille, der sich ins Endliche entäußert, notwendig gebrochen, fragmentiert, undeutlich, unfertig u.ä. erscheint (ähnlich einer unendlichen Geraden, die, wenn sie endlich wird, notwendig einer Krümmung unterliegt). Zu meinen, Gott greife *hic et nunc* ein durch einen *ad hoc* gefassten Willensakt bzw Entschluss, ist a*nthropomorph*, vermenschlicht Gott in unzulässiger Weise. Populäres Reden von Gott, „mesokosmisch"-anschaulich geprägt, braucht ´Reinigung` durch das Bewusstsein von Differenz und Analogie.

Ein weiteres, bedeutsames Moment tritt hinzu.

Traditionelle Schöpfungslehre ist bemüht, unter allen denkbaren Gesichtspunkten Gottes Einzigkeit als Schöpfer, seine Freiheit, Alleinzuständigkeit, absolute Unabhängigkeit vom Geschaffenen usw, wie auch die völlige, bleibende Abhängigkeit der Geschöpfe vom Schöpfer – er *erhält* sie – herauszustellen.[32]

M.a.W. ist die Schöpfungslehre so sehr auf den Schöpfer-Gott zentriert, dass das *Eigensein*, die Eigen-Wirklichkeit der Schöpfung nur wie nebenbei erwähnt wird, meist aber unterbelichtet bleibt.

---

[32]   Vgl. zB *Thomas von Aquin*, Summe II, cap. VI – XXX !

Nicht ohne Grund sah sich *Karl Rahner* häufig veranlasst, zu betonen: die Kreatur *ist* durch die Erschaffung „wirklich und von Gott verschiedene, echte Wirklichkeit und kein bloßer Schein, hinter dem sich Gott verbirgt", weil „radikale Abhängigkeit und echte Wirklichkeit im gleichen Maße, nicht im umgekehrten, wachsen".[33] Das steckt auch in der harmlos klingenden Feststellung des *Thomas von Aquin*: „Die erste Wirkung Gottes in den Dingen ist aber das [ihr] Sein", wie auch ihr So-sein.[34] Gott ist darum der heimliche ´Beweger` hinter der Dynamik der Welt, ohne die Eigenwirklichkeit der Schöpfung anzutasten, im Gegenteil: die bewegende Nähe ihres Schöpfers *vermehrt* die Eigenständigkeit der geschöpflich-abhängigen Wirklichkeit (auch dann, wenn sie evolutiv *mehr* wird als zuvor). Ersetzt man bei der geläufigen Rede von der Erschaffung „aus nichts" diesen Ausdruck durch „restlos", ist damit die ganze, konkrete Eigenrealität jedes Geschöpfes gemeint: „restlos" erschaffen, ist es gerade so etwas restlos Eigenes.

Die Dialektik der Aussage ist nicht leicht zu balancieren: Mindert man das (restlose) Erschaffensein, zerfällt das Geschöpf, schwächt man die Eigenwirklichkeit des Geschaffenen ab, löst sich der Akt der Erschaffung/ Schöpfung in etwas Minderes auf (die Welt würde zum Marionetten-Theater oder zur bloßen Kulisse[35]).

Die Eigenständigkeit der Welt und des Weltgeschehens ist deshalb der durchgehenden Abhängigkeit vom Schöpfer nicht umgekehrt proportional, „sondern direkt proportional. Je gefüllter die restlose Abhängigkeit eines Geschöpfes von Gott ist, umso größere Eigenständigkeit kommt diesem Geschöpf zu ... Abhängigkeit von Gott

---

[33]   *Rahner / Vorgrimler* (1976), Art. Schöpfung, 374
[34]   Comp. theol., c. 68; c. 140
[35]   Der Schöpfung wahres Sein (statt bloßer Schein) trotz totaler Abhängigkeit von Gott betont zB auch *L. Scheffczyk*, Der christl. Vorsehungsglaube, in: *Luyten*, 349f; s.a. *Kessler*, 111

beraubt das Geschöpf nicht seiner Eigenständigkeit, sondern verleiht ihm diese überhaupt erst".[36] Eigenständigkeit der Schöpfung besagt auch, wohlgemerkt, Eigen-Gesetzlichkeit. Gerade der Verlauf des Weltgeschehens nach eigenen Gesetzen (mathematischen, physikalischen, chemischen, geologischen, biologischen, medizinischen, ökonomischen usw Gesetzen) ergibt sich somit aus der Endlichkeit [37] und Eigenständigkeit der Schöpfung, ist als solche, ineins mit der Schöpfung, von Gott gewollt und bejaht.

Diesen theologischen Sachverhalt betonte auch das II. Vatikanische Konzil: die irdischen, geschaffenen Wirklichkeiten haben „ihren festen Eigenstand, ihre eigene Wahrheit, ihre eigene Gutheit sowie ihre Eigengesetzlichkeit und ihre eigenen Ordnungen, die der Mensch unter Anerkennung der den einzelnen Wissenschaften und Techniken eigenen Methode achten muss".[38]

Vor Angehörigen einer Patientin, die sich bei ihm bedankten, äußerte einmal ein engagierter Krankenpfleger: nur wer für die Kranken von morgens bis abends da sei und sie pflege gemäß ärztlicher Anweisung und praktischer Erfahrung, helfe ihnen, nicht aber, wer auf einem Betschemel kniee und für sie bete.

Dies ist ein häufiges (*Camus*`sches) Missverständnis. Wo ein Pfleger sich für Kranke einsetzt, achtsam auf ärztliche Anordnungen und pflegerische Regeln, tut er *in der Sache* Gottes Dienst am Menschen.

Der Gott der Bibel würde ihm persönlich keinen anderen Dienst auftragen als den, den er mit Sorgfalt erfüllt.

---

[36]   *Knauer* (1991), 41

[37]   Da Gesetze dazu dienen, Unbekanntes von Bekanntem abzuleiten, benötigt sie der endlich-begrenzte Intellekt, der göttliche Geist aber nicht (*Weizsäcker*, 292); Ähnliches gilt von der Mathematik. Sie ist das Instrument zeitlicher Geister (*Becker*, 157-161)

[38]   Pastoralkonstitution *Die Kirche in der Welt von heute*, Nr.36; dabei wird auch die relative Autonomie der Schöpfung von einer falsch verstandenen absoluten Autonomie unterschieden.

Das zu seinen Zeiten geübte Gebet aber kann, wo es sich an Jesu Art der Begegnung mit Kranken ausrichtet, das Pflege-Engagement im Sinne von Respekt, Verständnis, Geduld, Mitgefühl stärken oder vertiefen (abgesehen davon, dass es für die persönliche Beziehung des Pflegers zu Gott Bedeutung hat oder hätte).

Auch der englische Schriftsteller *C.S. Lewis* kannte diese Art von Fragen und Fragezeichen. Die unerbittliche Geltung der Naturgesetze, die auch da, wo Menschen leiden, durch Gebet nicht aufgehoben werden, ist ja für viele Leute ein ernster Einwand gegen Gott, gegen seine Güte und Fürsorge, ein Einwand, der sie einer naturalistischen Weltanschauung zuführen kann.

Lewis argumentiert: „nicht einmal die Allmacht" könnte „eine Gemeinschaft freier Geistwesen erschaffen ..., ohne zugleich eine relativ unabhängige und ´unerbittliche` Natur zu schaffen".[39] Er gibt zu bedenken, dass das menschliche Ich, um sich selber wahrzunehmen, sich abheben muss gegen Andere und dafür in gleichem Maße Abgrenzung wie Begegnung benötigt. Damit benötigt es jedoch Raum und Zeit, womit bereits der Urbestand der Welt in Sicht kommt: räumlich und zeitlich getrennte und aufeinander bezogene Wesen. Um uns als Menschen zu *begegnen*, brauchen wir Licht, Luft und andere materielle Medien, die ermöglichen, einander etwas mitzuteilen.

Um uns von den anderen wirksam zu *unterscheiden*, sind ein physischer, fester Eigenstand (Körper) sowie andere Formen abschließender Materie (zB Kleidung, Zaun, Wohnung, Haus), räumliche Entfernung, individueller Zeitraum erfordert. Zugleich ist der Körper durchlässig für Begegnung (Augen, Ohren, Mund), ebenso Wohnung und Haus (Tür, Klingel, Telefon usw). Entfernungen werden durch diverse Grade der Mobilität überwunden, wobei aber das jeweilige Raum-Zeit-Verhältnis Möglichkeit ebenso wie Grenze bezeichnet.

---

[39] *Lewis*, 26

Die Baugesetze der stofflichen Welt müssen jedoch widerständig gegen momentane Wünsche einzelner Individuen sein. Könnten sie nach Belieben subjektiv verändert werden, wären sie nicht mehr für alle da, nicht mehr verlässlicher Raum für Begegnung und Rückzug. Wir alle wären der Herrschaft eines einzelnen ausgeliefert, dessen, der zuerst ´dran` war und die Welt nach seiner Lust und Laune für sich manipuliert.

Eben darum ertragen die Menschen totalitäre politische Systeme nicht, weil ihr normales Bedürfnis, sie selber zu sein, frei zu kommunizieren, durch einen einzelnen oder eine Partei behindert oder blockiert wird.

Die stofflichen Gegebenheiten müssen aber überdies eine große Breite von Nutzungsmöglichkeiten als auch Gefahren beinhalten, damit sie möglichst vielen dienlich sind. Wir müssen beispielsweise beachten, in welcher Entfernung Feuer angenehm wärmt und ab wo es verbrennende Hitze entwickelt. Menschen bedürfen zu verschiedenen Zeiten der verschiedenen Möglichkeiten, wie sie im Feuer oder im Sonnenlicht angelegt sind. Entsprechend geordnet sind Wasser, Nährstoffe und vieles andere mehr. Wo der Verstand des Menschen nur langsam vorankommt, geben ihm körperliche und seelische Schmerzen meist eindeutige, schnellere Signale. Außerdem sind die diversen in der Materie angelegten Möglichkeiten Voraussetzung dafür, dass der Mensch für sich und andere erkennen kann, welche Art von Gebrauch der Dinge lebensfreundlich, welche lebensfeindlich, welche Anwendung schließlich gut, welche böse ist. Wäre die Welt, in der wir leben, nicht fest, nicht unerbittlich streng, könnten weder wir noch andere in ihr leben. Auch wenn man zugestehen will, dass Gott in seltenen Fällen ein „Wunder" wirkt, d.h. ein Ereignis, das von der gewöhnlichen Welt-Erfahrung abweicht, gibt der

Begriff *ungewöhnlich*, erst recht die Bezeichnung „gegen die Naturordnung" (contra naturam) schon den Hinweis auf den Ausnahmecharakter des Ereignisses, auf das – zum Wohl des Ganzen – kein einklagbarer Anspruch bestehen und das kein „Gebetssturm" auslösen kann.[40]

So will und schafft der Schöpfer die Welt und alles, was existiert, eigenständig und eigengesetzlich; anders wären sie nicht vollständig. Diese Strukturen sind für die Glaubenserkenntnis wichtig, für die Erkenntnis, dass Gott sich im Medium der Welt den Menschen heilend zuwenden, sie zur Teilnahme an seinem unvergänglichen Leben rufen und gewinnen will.

Würde Gott, einmal angenommen, unmittelbar-innerlich auf Menschen einwirken, ihnen seinen Willen injizieren, würde er nicht nur ihre Freiheit umgehen, die auf eine – von ihr unterschiedene – äußere Gegebenheit angewiesen ist; auch könnten die Menschen einen sie so behandelnden Gott noch nicht einmal *als* Gott erkennen.

Auch das Gewissen, das als „die verborgenste Mitte und das Heiligtum im Menschen, wo er mit Gott allein ist",[41] gilt, macht ihm seine Verantwortung bewusst in *Resonanz* auf seine Handlungen oder Unterlassungen im Verhältnis zu anderen Wesen. Das grundlegende Schöpfer-Geschöpf-Verhältnis erfordert also, dass Gott mit den Menschen grundsätzlich auf die Weise der Welt, das heißt durch Menschen, heilige Überlieferung, gemeinschaftlichen Gottesdienst usw in Kontakt kommt. Daher ist in der Regel Skepsis angezeigt, wo jemand auf das Leben der Menschen aufgrund privater ´Offenbarung` Einfluss nehmen will, die esoterisch bleibt, ohne hinreichend objektivierbaren Gehalt.

---

[40] Jesu Aufforderung an die Jünger, Gott zu bitten, „um was ihr wollt", versteht sich nicht als beliebige Zauberformel, sondern als Aufruf zu grenzenlosem Vertrauen, an Grundbedingungen geknüpft: vgl. Mk 11,24 mit Joh 15,7 !

[41] *II. Vat. Konzil*, Past.-Konst. Die Kirche in der Welt von heute, Nr.16

6. Nimmt die Vorsehung dem Menschen die Freiheit?

Allerdings meldet sich immer wieder eine alte Schwierigkeit, die zumal der physikalisch geprägte Verstand empfindet. Wenn Gott – lautet der Einwand – all meine Gedanken und Vorhaben voraussieht, bin ich vorausbestimmt, kann nicht mehr etwas tun, das abweicht von dem, was Gott schon weiß, bin somit unfrei. Die Behauptung universaler Vorhersicht (Providenz) Gottes zugleich mit der Freiheit des Menschen sei ein logischer Widerspruch. Wegen der Freiheit des Menschen müsse man Gott somit Allwissenheit, Allmacht oder gar Existenz absprechen.[42]

Man geht dabei von der Erfahrung in der stofflichen Welt aus: Wenn ein Körper, Korpuskel, Teilchen einem anderen sehr nahe kommt, übt er/es auf das andere eine Kraft aus, verändert es also (die konkrete Wirkung hängt von mehreren Größen ab). Sinngemäß scheint man annehmen zu müssen: wo Gott einem Menschen so nahe ist, dass er dessen Innerstes kennt, legt er den Spielraum des Menschen damit so fest, dass dieser keine anderen Gedanken und Wünsche mehr hervorbringen kann, als die von Gott vorausgewussten.

Die Atomphysik scheint den Einwand zu bestätigen: Will ein Physiker Ort und Energiezustand etwa des Elektrons des Wasserstoffatoms zu den Zeitpunkten $t_1 - t_2 - t_n$ wissen, verändert er durch Einsatz der Messapparatur (kurzwellige Strahlung) das Elektron so, dass dessen Lage q *oder* (kinetische) Energie v unscharf resp. unbestimmt wird (Δ q, Δ v), bis schließlich das Atom ionisiert, d.h. zerstört ist.

---

[42] Dies war der Ansatz des atheistischen Existenzialismus von *J.P. Sartre*.- Heutzutage wird der Einwand z.T. von den selben Leuten vorgebracht, die mit Berufung auf die Hirnforschung dem Menschen die Freiheit bestreiten zugunsten des sein Wollen vorher-bestimmenden „limbischen Systems".

Er kann hier (wegen des ´Doppelgesichts` Teilchen/Welle der Quanten) Genaues nur wissen, indem er das Objekt zugleich verändert. Das Gewusste wird zum Produkt des Wissenden; Objekt wird Teil von Subjekt, da dieses dessen Mikro-Verhalten mittels seiner *meso*kosmischen Begriffe fest*stellen* will. All-Wissenheit erscheint hier unmöglich; schon genaues Kennen-Wollen verändert das Objekt entscheidend (bis zur Zerstörung).

Vielleicht ist aber das quasi-physikalische Vorstellungs-muster, mit dem der Einwand argumentiert, der Gott-Mensch-Beziehung unangemessen.

Gottes Allwissenheit wird von einem Beter des Ersten Bundes zum Thema gemacht und ausführlich dargelegt:

2. Du hast mich geprüft und kennst mich, Jahwe [Herr],
Du weißt um mich, ob ich sitze oder stehe.
Meine Gedanken durchschaust Du von fern.
3. Ob ich gehe oder ruhe, Du hast es abgemessen.
Mit all meinen Wegen bist Du vertraut.
4. Ja, es kommt kein Wort auf meine Zunge,
das Du, Jahwe, nicht genau kenntest.
5. Im Rücken und vorne hältst Du mich umschlossen,
hast Deine Hände auf mich gelegt.
6. Zu wunderbar ist für mich solches Wissen,
zu hoch, nicht kann ich es begreifen.
7. Wohin könnte ich gehen, fort von Deinem Geiste,
wohin fliehen vor Deinem Angesicht?
11. Spräche ich: „Finsternis soll mich (bedecken),
und Nacht sei das Licht um mich her!“,
12. so wäre auch die Finsternis nicht finster vor Dir,
die Nacht würde leuchten wie der Tag.
Die Finsternis ist Dir wie Licht.
13. Ja, Du bist es, der meine Nieren [= mein Inneres] geschaffen,
mich gewoben im Leibe meiner Mutter.

16. Deine Augen erschauten meine Lebensalter,
in Deinem Buch waren sie alle eingeschrieben.
Meine Tage waren gebildet,
ehe auch nur einer von ihnen da war.
23. Durchforsche mich, o Gott, und erkenne mein Herz,
prüfe mich und erkenne meine Gedanken!
(Ps 139 – Ü. A. Deissler)

Erkennbar beklagt sich der betende Dichter nicht über Gott, der ihn „umschlossen" hält, sondern staunt und preist ihn dafür: denn darin, dass Gott, ihn durchdringend, alles von ihm kennt, weiß er sich restlos geborgen. Ähnliche Zeugnisse gibt es mehrere (zB Jer 12,3; 17,10; Hiob 10,8ff).

Annäherungen dazu gibt es aber schon im zwischenmenschlichen Bereich. Eltern, ihrem Kind liebevoll-fürsorglich zugetan, wissen „alles" von ihrem Kind (zumindest in den frühen Jahren).

Der liebende Mensch will, ja muss vom geliebten „alles wissen"; jede(r) hat das Bedürfnis, vom Anderen alles zu wissen, was der erlebt hat, was ihn bewegt.

Ein Ehepartner, mit dem anderen lange vertraut, ihm fürsorglich zugetan, kennt ihn „durch und durch", weiß „alles" von ihm. Schon ehe sie oder er sich äußert, bevor er oder sie eine Neuigkeit erfährt oder zu einem Vorhaben Stellung nimmt, weiß der Partner im voraus, wie der Andere reagieren wird, kann die Worte, die er gebrauchen, die Gefühle, in die ihn dies oder das versetzen wird, mit verblüffender Genauigkeit vorhersagen. Der ´vorhergewusste` Partner aber kann beruhigt oder zufrieden bestätigen: „Meine Frau, mein Mann kennt mich eben!" In ihrem/seinem Mich-Kennen bin ich „gut aufgehoben". Kein Wunder, wenn man einander tagaus tagein und über Jahre so nahe ist.

Nun lässt sich diese Linie ausziehen: Wie beruhigend, wie wohltuend und wunderbar, dass Der, der mir näher ist als irgendein Mensch, da er mich schon im Mutterschoß gebildet hat, mich und all meine Schritte kennt, auch um meine Schicksale weiß! Der Psalmist ist sicher, dass nur *die Liebe* ohne Ende ihn umfangen kann, die Liebe von Seiten Dessen, der ihm innerlichst nahe, ihm der Allernächste ist..

Schon aus dem menschlichen Erfahrungsraum wissen wir: wahre Liebe will, dass der geliebte Mensch er/sie selbst sei – weder Kopie noch Attrappe; sie will dessen Eigenständigkeit, will dessen eigene Gedanken und Gefühle nicht nur kennen und respektieren, sondern fördern, sprossen und wachsen lassen. Kritik daran mag gelegentlich aufkommen, aber auch dann ist sie gespeist aus Liebe zu Person und Persönlichkeit des anderen.

Die Liebe aber kann schon von Mensch zu Mensch, erst recht von Gott zu Mensch einen Menschen bereit machen, über Ängste und Ego-Schatten zu springen, sich, mit Wissen und Willen, über sich hinaus für andere solidarisch einzusetzen (auch um den Preis, von Egoisten für „dumm" erklärt zu werden).

Der Gott, dessen vorhersehende Allwissenheit die Kritiker fürchten, weil er ihre Freiheit antaste, ist nicht Gott, sondern die Karikatur eines monomanen, angstgepeinigten Menschen, der seine Mitmenschen bespitzeln lässt, um, so ´all-wissend` geworden, selbst ungefährdet über sie herrschen zu können.

Entsprechendes gilt von dem Gott in *Nietzsches* Gedicht „Klage der Ariadne": Gott, der ins „Herz", in „heimlichste Gedanken einsteigen" will, wird tituliert als „großer Feind", „grausamster Jäger", „Folterer", „Wegelagerer", „Eifersüchtiger", „Schamloser" und „Dieb", lauter Anklagen, eher Weh-Klagen eines verwundeten Menschen und seiner einsamungestillten Sehnsucht nach „Wärme" und „Liebe".

Grotesk jener Aufpasser-Gott, „der alles sieht", mit dem Eltern zahllose Kinder geängstigt haben, von denen sich viele nur durch einen atheistischen Wutanfall befreien konnten – wie zB der kleine *Jean Paul Sartre*.[43]

Verglichen damit spricht der Dichter des 139. Psalms von tiefster Geborgenheit in Gott, die Nietzsche gesucht und Sartre von den Großeltern nicht empfangen hatte.

Vielleicht lassen die vorangegangenen Erläuterungen ein Fazit von der Art, wie *Lewis* es zieht, trotz seines paradoxen Klanges bedenkenswert erscheinen:

Vielleicht ist dies nicht „die beste aller denkbaren Welten", aber es ist die einzig mögliche.[44]

---

[43] *Sartre*, 78
[44] *Lewis*, 32

7. Aspekte von Gottes Vorsehung in der Geschichte

Theologen und Philosophen in Mittelalter und Neuzeit (*Leibniz*) haben herausgearbeitet: Gottes Providenz in Güte wirkt in der Welt nicht unmittelbar in und an sich selbst, sondern sozusagen gebrochen, gedehnt, geteilt in räumliche und zeitliche Einheiten, tritt so in die Endlichkeit und Geschichtlichkeit der Menschen ein. In den Worten von *Thomas*: sie wirkt normalerweise im Rahmen weltlicher (geschaffener) Ursachen-Reihen, *sekundärer* oder „mittlerer" Ursachen (wenn man den Begriff Erst-Ursache, in freilich anthropomorpher Sprache, Gott vorbehalten will). Das besagt: Ein Wissenschaftler, der sich – wie man sagt – in den Dienst der Menschheit stellt und etwa das Kausalgeflecht einer Krankheit erforscht, nach Wegen sowohl der Heilung wie auch Vermeidung sucht, „wird, auch wenn er sich dessen nicht bewusst ist, von dem Gott an der Hand geführt, der alle Wirklichkeit trägt und sie in ihr Eigensein einsetzt".[45] Die hingebungsvolle Tätigkeit des medizinischen Forschers ist aber nur ein Aspekt der Vorsehung, wenn sie in die Interdependenz-Struktur der Welt eintritt. Sie stellt ihm zudem die wissenschaftlichen Vorarbeiten und Ergebnisse anderer Forscher und früherer Generationen zur Verfügung. Sie weckt Geldgeber für dringliche Projekte. Sie hilft ihm mittels der Kommunikationsmittel ebenso wie durch die vielen technischen Geräte, welche die Begabung der Menschheit gefunden und entwickelt hat. Zudem forschen oft Kollegen jenes Wissenschaftlers gleichfalls mit an seiner Sache, was Forschungszeiten verkürzt und die Wahrscheinlichkeit brauchbarer Ergebnisse erhöht.

---

[45] *II. Vat. Konzil*, Die Kirche in der Welt, Nr.36

Gottes Fürsorge geht aber auch mit dem kranken Menschen. Da sind zunächst die Angehörigen, die sich mit ihm um ihn sorgen. Da ist die Begegnung mit einem Arzt oder mit Ärzten, welche die Ursache seiner Beschwerden erkennen und eine genau erarbeitete (Ausschluss- und Differenzial-) Diagnose stellen; sie bedeutet (trotz mancher Unsicherheiten) ein unschätzbares Geschenk der modernen Medizin. Da ist die Suche nach einer geeigneten Klinik mit fachlich ausgewiesenem, erfahrenem, engagiertem Personal. Da ist, in schwerwiegenden Fällen, die erfolgreiche Fahndung im In- oder Ausland nach Spezialisten für heikle Operationen und Therapien. Da ist die pharmazeutische Industrie, die hilfreiche Medikamente entdeckt und entwickelt. Da stehen den Patienten entweder eine Kranken-Versicherung zur Seite oder die Solidarität von Familie, Sippe, Freundeskreis, Spenden von Privatpersonen oder auch die karitative Menschenfreundlichkeit von Ärzten, die hierzulande oder in armen Ländern auf Selbstkostenbasis für mittellose Kranke tätig werden.

Man mag einwenden, das sei idealtypisch gezeichnet, es gebe viele, denen nicht geholfen wird. Das ist wahr; doch gibt es in der Welt das Bewusstsein des Helfen-Sollens, zugleich eine Dynamik des Helfen-Wollens und Sich-kümmerns-um, die keinen ausschließen; sie suchen sich auszubreiten, wollen Bewusstsein und guten Willen bilden.

Der namhafte Theologe *John Henry Newman* (19. Jh) betonte mehrfach, die menschliche Natur bejahe „gebieterisch das providentielle System der Welt".[46] Dazu gehöre das Prinzip der *Stellvertretung* (als Teil des eben veranschaulichten Prinzips *Solidarität*), das sich ausdrücke in den „Mühen und Leiden, die andere für uns auf sich nehmen".

---

[46]   Zum Folgenden: *Newman*, 284ff

Stellvertretung durchziehe die Gesellschaft, das ganze Menschenleben, angefangen von den Eltern, die Mühen und Lasten tragen, damit ihre Kinder gedeihen, bis hin zum alten Menschen, den die Kinder (er)tragen und schließlich auf den letzten Weg bringen – eine teils erzwungene, teils freiwillige Mittlerschaft. „Wir leiden für einander und ziehen Gewinn aus diesen gegenseitigen Leiden".

Mit Berufung auf *J. Butler* erweitert Newman das Prinzip der Stellvertretung auch auf das Leiden *anstelle* von anderen. So wirkt er dem verbreiteten Eindruck entgegen, Gott sei es im Grunde egal, ob Schuldige oder Unschuldige leiden müssten.

Überall sei der Glaube „an die vermittelnde Kraft des Guten und Heiligen" lebendig gewesen.

Die – von *Thomas von Aquin* nahegelegte – Langzeit-Wirkung und raum-zeitlich gestreute Aktivität der göttlichen Vorsehung lässt sich noch konkreter veranschaulichen.

Vor wenigen Jahrzehnten noch konnten, um Beispiele zu nennen, etwa Aneurysmen (krankhafte Erweiterungen) an Schlagadern oder Verschlüsse der Herzkranzgefäße nicht früh genug erkannt oder nicht angemessen behandelt werden; inzwischen können Leben rettende Eingriffe wie Bypass-Operationen oder Einset-zung künstlicher Gefäß-Stützen („stents") routinemäßig ausgeführt werden, was die Lebenszeit vieler Menschen nachweisbar erhöht.

Doch werden nun manche stutzen und fragen, ob hier Gottes Vorsehung für Erkenntnisse und Erfolge bemüht werde, die der Mensch nicht Gott, sondern sich selbst – seiner Intelligenz, seinem Arbeitseifer, seiner Zähigkeit, seinem kollektiven Einsatz usw – verdanke. Hier kommt der Emanzipationsimpuls der Aufklärung zum Ausdruck. Ohne den menschlichen Einsatz mindern zu wollen, erscheint uns diese Sehweise jedoch kurzsichtig.

In der Bergpredigt (Mt 6,25-34/Lk 12,22-32) spricht Jesus die Leute auf ihre Kurzsichtigkeit an, auf die ständig wuchernde Sorge und Meinung, alles Lebenswichtige selbst besorgen zu müssen und zu – können. Er mahnt zu Gelassenheit und Vertrauen: von Feldlilien und Vögeln könnten sie es abschauen, die viel weniger als Menschen Vorsorge treffen können (zB Aussaat, Ernte, Vorratswirtschaft), sondern größtenteils davon leben, was sie tagtäglich *finden*: „Und doch ernährt sie euer himmlischer Vater!" Pflanzen und Tiere leben im Wesentlichen aus der Grundgüte, aus der Daseinsvorsorge ihres Schöpfers. Auch die aktive Sorge des Menschen für sich und die Seinen lebt elementar davon, dass er durch die Mühe der täglichen Arbeit hindurch in Erfolg und Gelingen das *findet* und empfängt, was er zum Leben notwendig braucht: Nahrung, Trank, Kleidung, Wohnung usw.[47]

Wer den Verdacht hegt, der Hinweis auf diese biblische Mahnung sei ein obsoleter, an die frühe Agrarkultur geknüpfter Romantizismus, bedenke die beim Aufkommen des frühen Fabrik-Kapitalismus einsetzende Sozial-Gesetzgebung der Industrieländer der letzten 200 Jahre und die Menetekel-Funktion marxistischer Ideologien und Systeme. Sollte diese kombinierte Entwicklung außerhalb der Vorsehung des biblischen Gottes geschehen sein?

Vielleicht ist hier auch ein Hinweis interessant, der von einer der modernsten Wissenschaften stammt – der Kosmologie: Wer als Naturwissenschaftler sich die Vielzahl von Anfangsbedingungen, Prozessen und Entwicklungen vor Augen hält, die nötig waren, um im Laufe von ca. 13,7 Milliarden Jahren Materie, Leben,

---

[47] Im Blick auf diese vom Schöpfer gewollte Grundstruktur der Welt stellten schon Propheten des AT und Theologen der frühen Kirche soziale Ungerechtigkeit und Ausbeutung unter scharfe Kritik !

Bewusstsein hervorzubringen (die für unser Universum nötigen Anfangsbedingungen sind, wie man errechnete, nur eine von 10^{10220} Möglichkeiten), wobei schon geringe Abweichungen bei Werten der Massen, Ladungen und Naturkonstanten erhebliche Auswirkungen auf die Evolution des Kosmos und die des Lebens gehabt hätten, kann mit dem Astrophysiker *Dyson* den Eindruck gewinnen, das Universum habe irgendwie „gewusst, dass wir kommen".

Die unter diesem Eindruck entworfenen Versionen des „anthropischen Prinzips" führen vor die Frage, wer oder was dieses Universum hervorgebracht habe. Auf jeden Fall müsse „ein Meister von unerschöpflich schöpferischer Kreativität" am Werk „gewesen sein, ja immer noch sein".-[48]

Nimmt man das Emanzipationsbedürfnis des neuzeitlichen Menschen ernst, ist man genötigt, dem Menschen nicht nur seine Stärken und Erfolge, sondern umgekehrt auch die Misserfolge und Versäumnisse vorzuhalten. Dafür gibt es zahlreiche Beispiele, nämlich wider besseres Wissen verursachte Versäumnisse seiner – des Menschen – eigenen Vorsehung und Vorsorge, die sich für viele fatal auswirkten.

Die Welt erinnert sich noch lebhaft an die pazifische Tsunami-Katastrophe von 2004. Die erschreckend hohe Zahl von Todesopfern und Vermissten wäre, wie man kurz darauf herausfand, bedeutend niedriger gewesen, hätte in diesen Ländern und Gegenden nicht *der Mensch* versagt – besserem Wissen und Können zum Trotz.

Viele vom Tsunami getötete Menschen könnten heute noch leben, hätte es z.B. ein seismologisches Alarm-System mit funktionierenden Kommunikations-Kanälen zu den wichtigsten Stellen der betroffenen Länder gegeben; hätten die benachbarten, aufeinander angewiesenen Länder schnell und gut kooperiert, hätten (z.B. in

---

[48]   Vgl. *Lesch / Zaun*, 201-216

Indonesien) Konflikt-Parteien Kämpfe storniert und Kräfte sowohl für Erste wie auch für nachhaltige Hilfe freigemacht.

Das *Ausmaß* der Katastrophe fällt in die Verantwortung des *Menschen*. Hinzu kommt, dass etwa thailändische Stellen einschlägige Warnungen seit langem bewusst ignorierten und verschwiegen, um den Tourismus der Hochsaison nicht zu gefährden. Zugunsten von Hotel-Resorts mit Urbanisation der Küsten beseitigte oder verlor man an vielen Küsten natürliche Barrieren, Auffang-Gebiete für Hochfluten, wie vorgelagerte Korallen-Riffe, Sumpf- und Mangroven-Wälder, in Folge von Abholzung, Trockenlegung, Boden-Versiegelung (Beton, Asphalt), von Aquakulturen und Klima-Erwärmung; so entzog man dem Wasser unschädliche Abfluss-Möglichkeiten. Dem Tourismus und der Selbstüberschätzung des modernen Menschen zuliebe errichtete man Hotels und Bungalows direkt an oder über der See.[49] Wieder sind es Naivität, Gedankenlosigkeit, kurzsichtig-berechnender Geschäftssinn, die Menschen verleiten, sich ausgerechnet in Gefahrenzonen zu tummeln (wie schon *Rousseau* monierte).

Ein neuer Ausbruch des Vesuv zum Beispiel, von ähnlicher Wucht wie 79 n. C., würde die dicht besiedelte Industrie- und Tourismus-Region Neapel verwüsten und unvergleichlich mehr Todesopfer als damals kosten. Man weiß um die Bedrohung, veranstaltet gelegentlich halbherzig Alibi-Übungen zur Evakuierung der Anwohner ... Kommt das *Disaster*, wird man wieder Gott oder die „grausame" Natur anklagen, statt eigene Sorglosigkeit und Trägheit, obwohl Gefahren und Versäumnisse nicht weniger offensichtlich sind wie im Falle von Rauchen und Krebs-Tod.

---

[49] Siehe GEO EPOCHE, 47-87; 128-139

Man weiß heute, dass das, was ein Unglück zur *Katastrophe* im Sinne weitreichender Zerstörung und Verwüstung mit zahlreichen Toten und Verletzten macht, nicht das natürliche Element ist – Feuer, Beben, Flut –, sondern Gedankenlosigkeit, Sorglosigkeit und Trägheit der Menschen selbst.

Das aber besagt für unser Thema: Da die Menschen vor Ort vorhandene Kenntnisse und Erkenntnisse ignorierten, handelten sie – religiös gesprochen – Gottes Vorsehung geradezu entgegen, setzten sie für ihre Zwecke außer Kraft; sie selbst sind es, die Gottes Vorsehung desavouieren, nicht Gott, den sie anklagen.

Denn Gott war schon lange vor der Katastrophe am Werk, und zwar rechtzeitig, als er die Verantwortlichen ihrer Bereiche vor, bei und nach ihrem Tun und Lassen mit ihrer Verantwortlichkeit konfrontierte, sie mittels ihrer Sachkenntnis und Gewissen entweder ermutigte, zum Handeln drängte, notwendige Maßnahmen zu treffen, oder umgekehrt mahnte, warnte, eine bestimmte Maßnahme, Veränderung (zB Beseitigung einer Vorschrift, eines Schutzraumes), zu unterlassen. Obschon hinterher ungern zugegeben, weiß die Erfahrung: ausreichend viele Verantwortungsträger hatten Risiko und Gefahren erkannt, die Erkenntnis jedoch abgetan.-

Nimmt man all dies zusammen, zeigt sich, dass zB *David Hume* oder *Voltaire* nur vordergründig gegen den Glauben an Gott argumentierten, als sie, ausgehend von einer realen Katastrophe, zur Grundlage ihrer Kritik bloß das – hässlich-defizitäre – *Design* der Welt nahmen, ohne die biblische Berufung der Menschen zu Mit-Schöpfern (nach Gen 1 + 2) zu bedenken, so als wäre die Welt so etwas wie eine nicht ausreichend behütete Puppenstube, durch die immer wieder ein heftiger Windstoß fährt, oder wie ein ungesicherter Porzellanladen, den Horden wilder

Elefanten von Zeit zu Zeit heimsuchen und niedertrampeln dürfen.

Um hier klarer zu sehen und dem Eindruck zu wehren, kindliche Gemüter, an einen Bewusstseinsstand von Unmündigen geklammert, würden Gott mit der Aufpasserrolle (für die Welt als „Kinderstube") behaften, wenden wir uns nun dem biblischen Zeugnis zu.[50]

---

[50] *Thomas v. Aquin* leitet Gottes Vorsehung nicht nur aus dessen All-Ursächlichkeit ab, sondern von Gott als Schöpfer, zugleich Zielsinn (Heil, Seligkeit) aller Kreatur: Comp. theol, cc. 101.165; Summe, III c. 17Ff

8. Gottes Schöpfungswerk: Leben am Rande des Chaos

Zunächst der ersten Schöpfungserzählung. Da ist gesagt: Mitten im Chaos (*Tohu wa bohu*) schuf bzw *fügte* Gott Lebensraum für die Lebewesen bis zu den Menschen. Siebenmal heißt es „und er sah, dass es gut war"; beim siebten Mal, bezogen auf den Menschen und seine Berufung, gesteigert zu „sehr gut". *Gut* (hebr. *tov*) meint *zugute* dem Leben, *zugute* dem Menschen. Gott beginnt, indem er die Chaos-Wasser bändigt und begrenzt *zugute* dem Trockenen, das sichtbar werden soll und berufen wird, „gut" zu sein, zugute zu kommen – mit Fruchtbarkeit – dem Leben, letztlich dem Menschen, *gut* dazu, *Kultur*-Land zu werden (Gen 1,2.9-12). So erscheint schon die Schöpfung als „erste Tat des *Bundes*gottes", erstes und bleibendes „Zeugnis seines Bundes-Willens".[51] Am Ende heißt es, Gott habe den Menschen geschaffen (1,27). Das meint nicht bloß, Gott habe den *homo sapiens* erschaffen, sondern: Gott hat den Menschen berufen!

Wir sind, vom Wort-Unterschied verführt, gewöhnt, die *Erschaffung* des Menschen und seine *Berufung* als zwei verschiedene Handlungen Gottes am Menschen zu sehen: zuerst werde der Mensch geschaffen, später berufen. Doch will der Text zeigen, dass Erschaffung und Berufung *zwei* Aspekte *eines* Sachverhaltes sind: Der Mensch wird geschaffen *um ...zu*. Die Berufung, die er empfängt, ist Sinn, Zweck seiner Erschaffung. Von Anfang an ist der Mensch ein Berufener! Gott hat ihn von Anfang an gemeint als den, den er *in Dienst nimmt*.

---

[51] Die „Erschaffung von Himmel und Erde" wurzelt in Gottes „Grundentscheidung, ´Jahwe` zu sein, d.h. in seinem Bundes- und Heilswillen ... So wird die Schöpfung zum Erstzeugnis ... der Zuwendung des Bundesgottes zu Welt und Mensch": *Deissler* (1982), 68

Darauf zielt die zweimal mit der Menschen-Schöpfung liierte Bestimmung „als unser Bild, nach unserer Ähnlichkeit" (Gen 1,26f.). Darauf zielen auch die Folge-Verse (1,28-29), wonach der Mensch – männlich-weiblich – ein *Segen* sein soll für alle Kreaturen, die ihm sein Schöpfer überträgt. Hier wird die Erschaffung des Menschen zur Berufung: Der Bundes-Gott erwählt den Menschen wie der *Herr* den *Knecht*, die *Magd*, den/die er zu diesem Zwecke schafft, beruft, einsetzt und sendet. So lässt sich sagen: *Im Anfang ist die Berufung, die Bundes-Berufung.* Sie ist – biblisch – Anfang des Menschentums. Der Anfang als Berufung strahlt nun aus auf den Anfang der Welt überhaupt.

Der priesterliche Autor reserviert für Gottes Schöpfertum vor allem zwei Vokabeln: *schaffen* und *machen*. Er gebraucht sie, wo es um die in Raum („Feste", „Gewölbe") und Zeit („Leuchten", Gestirne) geordnete Welt geht und um die Lebewesen, die sie bevölkern sollen. Gott „schafft" bzw. „macht" in Gen 1 nicht einfach das Weltall; vielmehr schafft/macht er die Welt, die *Lebensraum* für Menschen und andere Wesen sein soll: Schöpfung als Heilswerk. In Gen 1 ist Gottes schöpferisches Tun präzise auf Lebensraum gerichtet sowie auf Ermöglichung und Entfaltung von Leben. Allerdings heißt das Leitwort in den drei ersten Schöpfungstaten „scheiden, trennen", nicht „schaffen". Der Schöpfung voraus liegt – wie in Alt-Ägypten, Babylon – das Vermischt-Ungeschiedene, Ungeordnete. Was besagt also Schöpfung?

Von der Finsternis sagt der Text nicht, sie sei „geschaffen". Vom Licht freilich auch nicht. Doch die Wendung „es werde – und es ward" im Munde Gottes weist auf dessen Heil schaffende Urheberschaft: auf sein Wort hin *war da* Licht.

Vers 3 dürfte im Anklang an Ex 3,14. zu übersetzen sein: *da sei Licht und da war Licht*! Das Licht hat von vornherein Order, nach JHWH-Art *da zu sein,* im Auftrag Gottes *da* zu sein.

Die biblische Formulierung meint also erheblich mehr als die Überbrückung der Kluft zwischen Nichts und Sein. Indem er das Licht *da zu sein* bestimmt, *er*sieht Gott es, zugute zu sein (Lebewesen, Menschen), und zwar als „Tag" (Gen 1,4-5). Finsternis als solche kann nicht im Sinne JHWH`s *da sein,* sie ist Aspekt des Chaos *vor* der Schöpfung (Gen 1,2). Auf sie bezieht sich Gottes Schöpfung vorab negativ: *scheidend* zwischen Licht und Finsternis (v 4). Entsprechendes gilt von den (Chaos-) Wassern: sie liegen (nach v 2) als „Urflut" der Schöpfung voraus gleichsam als ihr Gegenbild. So sagt auch v 7 nur, dass Gott „eine Scheide zwischen den Wassern schuf". Das „Wasser oberhalb der Feste", *oberhalb* des Himmels („Feste") wird nicht „berufen". *Scheiden* bezieht sich auf das, was begrenzt, gezähmt, und so in Dienst genommen wird; *Schaffen* bringt hervor, was Leben ermöglicht und ihm wohltuend ist („zugute").

Diese Besonderheiten sind bedeutsam.

Schöpfung in Gen 1 meint die das Chaos eindämmend-begrenzende Ermöglichung und Schaffung von Lebensraum im Blick auf Menschen. Zwar sieht Gen 1 Gott als *Herrn* des All-Gesamt, auch des Chaos. Doch ist das Chaos nicht Produkt der Schöpfung; diese geschieht vielmehr *am* Chaos und *gegen* es. Chaos in Gestalt der Finsternis wird dienlich gemacht zur *Nacht,* Chaos in Gestalt der Wasser unterhalb des Himmels dienstbar gemacht zu Seen, Teichen, Quellen, Flüssen, Bächen, in Gestalt der Wasser oberhalb der Himmelsfeste zu Regen (Ps 74,15a; 78, 16.23; 104,10-16).

Sie sind ge-ordnet, um den Lebewesen zugute zu kommen; so wie die Geschöpfe – auch der Mensch – berufen sind, einen – *ihren* – Anteil der Huld und Güte Gottes erfahrbar zu machen. Schöpfung nach Gen 1 nimmt die Art des „Exodus" an : Herausführung erst des Trockenen, dann des Lebendigen in seiner Mannigfaltigkeit bis hin zu „Adam" aus der chaotischen Urtiefe, den „Wassern", mit den Zusatz-Aspekten Wüste-Öde (*tohu wa bohu*), Finsternis und Tod (vgl. Hiob 26,5f. 28,22). Gottes *Herr*schaft auch über die Wasser oberhalb der Feste bestätigt zudem die Sintflut-Erzählung (Gen 7,4.10-12.17-8,5.21-22). Doch macht die Flut-Erzählung klar, dass das Walten der Chaos-Macht *kein* Teil des Schöpfungswerkes ist, sondern Anti-Schöpfung, Gegenstück zur Schöpfung; ihrer bedient Gott sich hier zur *Ent*-schaffung, zur Auflösung der Schöpfung. Daran wird klar: Chaos in Gestalt von Dürre und Öde (*begrenzt* zur Jahreszeit Sommer bzw. Winter), von Finsternis (*begrenzt* zur Nacht), von Tod (*begrenzt* zum Schlaf, wie zum Exitus [Exodus]), taucht als Dunkles-Unheimliches, Fremdes, Feindliches am Rand der lichten Schöpfung immer wieder auf – taucht auf als das, was sich dem Begreifen und Erhellen-wollen von Geschöpfen entzieht (als Grenze eben des Begreiflichen): „Todschatten-Schlucht" (Ps 23,4), die den Wanderer ängstigt. Entsprechend die Flut als Chaos-Gestalt: vom Schöpfer beherrscht und beherrschbar, ragt sie doch, zeitweise *ent*fesselt, in die Schöpfung hinein als furchtbare „Fluten des Verderbens", Menschenkraft überspülende „gewaltige Wasser" (Ps 18,5.17).[52]

Auch in Gen 2-3 bricht Chaos auf mitten in der guten Schöpfung: als Schlange (Leviathan) bedrängt es Menschen, von außen wie innen (Verführung –

---

[52] *Westermann*, 159. 164

Verführbarkeit), die Grenze ihres Lebensraums, ihrer Lebensordnung, die Scheidelinie Leben – Unheil zu überschreiten, in Verdunklung des Verstandes und Verwirrung des Strebens sein Heil im Unheil zu suchen; da „das Sinnen des Menschenherzens ungut ist von Jugend an" (Gen 8,21).

Auch in Form der Wüste ragt Chaos in die Schöpfung herein: Gott „spannt über der Ödnis den Norden, hängt die Erde auf am Nichts" (Hiob 26,7). Menschen in Bedrängnis irren umher in wegloser Wüste (Ps 107,4-6). Feindliche Heere, gen Jerusalem anrückend, gleichen dem Glut-Wind der Wüste (Jer 4,11.16.23-28). Unter der Glut von Gottes Zorn sinkt Kulturland zurück ins „Tohuwabohu" (Jer 4,23; Jes 24).

Die Sintflut-Erzählung veranschaulicht Menschen-Angst vor einem von Gott ausgelösten Rücksturz der Welt ins Chaos, eine *urzeitliche* Katastrophe, die für die Geschichts-Zeit ausgeschlossen wird (Gen 8,21-22). Propheten prägen für des Menschen Situation auch diesen Ausdruck: *vor* Gottes Antlitz ist Garten Eden, *hinter* ihm Wüste und Entsetzen (Jo 2,3), Flut und Tod (Ez 26,19-21). Das Volk, das der Chaos-Macht anheimfällt, ist ein „Volk von Vorzeit" (ʿam ʿolam – Ez 26,20), ein Volk *vor* dem „Anfang" (der Schöpfung), ein Volk also, in alle Winde verweht, verstreut. Auch in Gestalt von Vergänglichkeit und Tod ragt Chaos in die Schöpfung herein, lässt Menschen fern von Gottes Lebens-Licht „in Finsternis sitzen und im Schatten des Todes" (Jes 9,1; Ps 23,4; Lk 1,79). Umgekehrt macht Gottes Erbarmen „die Wüste zum Garten Eden" (Jes 51,3; Ez 36,35). Gottes Retter-Handeln ist daher (Neu-) Schöpfung.

Als abschließendes Geschöpf wird der Mensch über die vorausgehenden Geschöpfe erhoben, da von Anfang ein Wesen, das Gott in die Beziehung zu ihm *(be-)ruft* (Ps 8,5-9; Gen 1,28-30; 2,16-17). Genauer ist er von Gott zur antwortfähigen und antwortenden Person erweckt. Die Welt, der der Mensch angehört, nimmt in ihrer aktuellen, aber auch in ihrer vergangenen und zukünftigen Gestalt teil an Gottes Du-Verhältnis zum Menschen wie am Du-Verhältnis des Menschen zu Gott.[53] Mehr: als zeitlich-räumlich gedehnte, aufgeteilte, geschichtlich veränderliche enthüllt die Welt ihre Unfertigkeit, Unvollendetheit als Schöpfung.

Als selber raum-zeitlich verfasstes Geschöpf hat der Mensch sie einerseits als unvollendete schlicht hinzunehmen, zu erleiden; andererseits weckt ihr da und dort wahrnehmbarer ´Baustellen`-Charakter das Bewusstsein seiner Berufung, im Maß des ihm Gegebenen mit Gott mitzuwirken am Gut-Machen der Schöpfung. Davon, dass die Schöpfung noch endgültig gut und gerecht werden soll, ist er selbst (so wenig wie Hiob) keineswegs ausgenommen, wie ihm durch ´Hiobsbotschaften` bewusst wird. Doch auch für das Gut-werden der Schöpfung im einzelnen Menschenleben sorgt der Schöpfer sich, engagiert – durch Weisung und Gewissen – andere Menschen (nicht alle akzeptieren ihre Berufung, manche stellen sich gar in den Dienst der Gegenmacht des Todes). Gott spricht Menschen an auch im Vokabular biographischer, sozialer und geschichtlicher Ereignisse. Ereignisse können (nicht: müssen) An-Sprache Gottes an Menschen sein. Er macht sie „für dich und mich zu Weisung, zu Forderung". Ist der Menschengeist ja zutiefst berufen zur „Antwort an das aus dem Geheimnis ansprechende Du".[54]

---

[53] *Guardini,* (1950), 113-114; *Buber* (1950), 236-237; *ders.,* Prinzip, 135; *Splett* (1967), Kap. III; *ders.* (1978), 45-48; theologisch: *Biser* (1975), 67-83
[54] *Buber,* Prinzip, 41

Der jüdische Denker *Emmanuel Lévinas* formulierte noch dringlicher. Das wichtigste Ereignis, mit dem ein Mensch es in der Welt zu tun bekommt, sei die Begegnung mit dem anderen Menschen. Das andere Du, sein Antlitz enthalte eine Art drängende Bitte, der Andere möge sich ihm „angesichts des Todes" (*en face de la mort*) zur Verfügung stellen, ihm dienstbar, zugute sein. Eine unausgesprochene Bitte um Antwort von der Art: „Ich bin dir zu Diensten!" Erbeten wird nicht eine Floskel, sondern das aktive Sich-zur-Verfügung-Stellen des Ich für das Du; Antwort im Sinne von Verantwortung (*responsabilité*). Erfüllung des Ich sei nicht distanz-bewusstes Für-sich-sein, sondern Für-den-anderen-sein. In Übernahme von Verantwortung für den anderen erfülle sich der Sinn des Ich. Im Hören auf dessen Bitte, im Gehorchen gemäß seiner Bitte höre, antworte und gehorche das Ich auch Gott.

9. „*Der Helfer ist die Hilfe*" (*Sören Kierkegaard*)

Allerdings kann der Mensch Gott in mehrfacher Weise antworten wie auch die Bibel darlegt. Der Mensch antwortet einmal damit, dass er sich in Ver-*antwortung* rufen lässt und sich ihr stellt, was eine bestimmte Haltung oder Praxis zur Folge hat. Er antwortet aber auch, indem er dankt für eine empfangene Gabe, Hilfe usw., und ihren Urheber preist. Wenn er sich der Verantwortung stellt, antwortet er auf einen Ruf, auf eine Berufung, die er erkannt hat. Als Empfänger einer Gabe oder Hilfe, die über eigenes Leistungsvermögen hinausgeht, antwortet er mit Dank und Lobpreis. Also antwortet der Mensch einmal eher im Aktiv, ein anderes Mal mehr im Passiv (Dank, Lobpreis).

Die zweite Form der Antwort – Dank und Lobpreis – kommt in den biblischen Schriften ausführlich zu Wort.

Auch wenn Theologen (mit *Boethius, Thomas von Aquin*) betonen, dass Gott, wo er für rettendes Handeln und Helfen gepriesen wird, *mittelbar*, d.h. mittels sogenannter Zweitursachen (Dinge, Ereignisse, Personen), gehandelt hat oder handelt, ist den Menschen der Bibel (und ihren Nachkommen) die helfende Gegenwart Gottes so gewiss, dass sie – die weltlichen Umstände, Ursachen, Akteure oft außer Acht lassend – Gott direkt für die gewährte Rettung oder Nothilfe dankbar-lobend ansprechen.

Zwar können sie etwa darauf verweisen, dass die rettende Durchquerung des Schilfmeers für die Flüchtlinge aus ägyptischer Herrschaft möglich war, weil ein starker Ost-Sturm im seichten Schilfmeer eine Furt freigelegt, also eine natürliche Ursache das Hindernis im rechten Moment weggeräumt hatte. Doch die Betroffenen sehen als Erstursache ihrer Rettung einen Anderen, der sich des Sturms *instrumental* bediente, wodurch dieser zur *Zweit*ursache wurde:

Zurückgehen ließ ER das Meer
durch einen heftigen Ostwind all die Nacht
und machte das Meer zum Sandgrund,
so spalteten sich die Wasser.
Die Söhne Jisraels kamen mitten durchs Meer auf dem Trocke-
nen (Ex 14,21-22 – Ü. Buber-Rosenzweig)
Jisrael sah die große Hand, die ER an Ägypten dargetan hatte,
das Volk fürchtete IHN
und vertraute IHM und Mosche seinem Knecht (Ex 14,31 – Ü.
Buber-Rosenzweig)

In anderen Fällen bleibt eine natürliche (Zweit-) Ursache
ungenannt, weil unerheblich gegenüber der entschei-
denden Erkenntnis:

Auch wenn ich gehe in der Schlucht von Todes-Schatten,
nicht fürchte ich Übles,
denn Du [bist] mit mir,
dein Stab und dein Stock, sie trösten mich (Ps 23,4 – eig.Ü.)

Stab und Stock bilden die Ausrüstung des Hirten, den v 1
direkt anspricht:
Der Herr (JHWH) ist mein Hirte (r'oij).
Wie selbstverständlich bezieht der Beter Fürsorglichkeit
und Wohltun Gottes, des Hirten Israels (zB Ps 80,2; Jer
31,10), auf sich persönlich, vertraut sich seiner Führung
an. In anderen Psalmen wird dies Vertrauen, mit dem der
Beter auch sein persönliches Schicksal bei Gott geborgen
sieht, von Gott bejaht und bekräftigt – wie im folgenden
Beispiel:

Ruft er [der Mensch] *zu mir, so antworte ich ihm,*
ich bin mit ihm in der Drangsal,
ich mache ihn frei und bring ihn zu Ehren.
Mit langem Leben sättige ich ihn
und lasse mein Heil [meine Hilfe] *ihn erfahren* (Ps 91,15-16 –
Ü. A. Deissler; Klammern vom Vf)

„Du bist mit mir" ist nach den Evangelien auch die Gewissheit *Jesu* im Gang durch die Tiefen seines irdischen Lebens bis zur Stunde der Verhaftung, wo die Jünger ihn allein lassen, er aber versichert, er sei nicht allein, denn „der Vater ist mit mir" (Joh 16,32), sodass er den letzten Gang durch die „Schlucht der Schatten des Todes" antreten kann in der Gewissheit, dass „der Vater", der „Hirte" mit ihm geht. Doch bewahrt ihn das Mit-sein des „Vaters" nicht vor dem Skandal-Urteil, vor Hohn, Geißelung, Verlassenheit, nicht vor dem Fluch-Tod am Kreuz. Worin des „Vaters" Mit-sein bestand, ist historisch nicht konkretisierbar, sein Echo aber ist die Oster-Botschaft der Jünger (zB Apg 2,22-37). Auch sie ist *Antwort* auf ihnen gewährte Gottes-Offenbarung, enthalten in Begegnungen mit dem lebendigen *„anderen Christus"*, skizziert in der Emmaus-Erfahrung zweier Jünger und anderer aus ihrem Kreis (Lk 24,13-35).
Äußerst kompakt liest sich – als Echo – die Glaubens-antwort des Paulus:
Nicht mehr ich lebe, sondern Christus lebt in mir; was ich aber jetzt noch irdisch lebe, lebe ich im Vertrauen auf den Sohn Gottes, der mich geliebt und sich für mich hingegeben hat (Gal 2,19-20 – eig. Ü)
Hier gehen Ich und Du quasi ineinander über: das Ich des Glaubenden besteht fort, wird aber vom Du des ihn (zuerst) Liebenden so tief durchdrungen, dass Christus *in* ihm lebt und er *aus* Christus. Der Glaubende ist reine Antwort auf das ihm geschenkte „Wort" geworden. Der Apostel spricht hier, anders gewendet, von seinem Lebens-Schicksal. Das Schicksal ist ihm, ganz unerwartet, als verfolgtes und dennoch liebendes Du (im „Sohn Gottes") begegnet und hat ihn in seinen Dienst gerufen; seine Antwort war das Ja des Geliebten zum Dienst für den ihn und „die Vielen" Liebenden.

10. *Das Schicksal* **im** *Schicksal*

Allerdings haben viele Christen Schwierigkeiten mit dieser so intim-seligen Antwort des Paulus. Sie hadern (wie Petrus: Mt 16,22) bis heute mit dem Kreuzes-Schicksal: Warum hat Gott es zugelassen, hat es nicht verhindert?

Ein Blick auf die Geschichte biblischer Gottes- und Glaubens-Erfahrung mag hilfreich sein. Sie beginnt ja mit der Rettung der Mose-Gruppe aus ägyptischer Zwangsherrschaft und setzt sich fort mit Davids Siegen über die Philister. Doch endet sie da nicht, vielmehr beginnt nun eine Vertiefung: Davids (mit Israels) Berufung zum „Knecht" Gottes (2Sam 7). Die Erfahrungen des politisch-militärischen Untergangs des (inzwischen gespaltenen) davidischen Reiches, Exil, Hoffnungslosigkeit, aber auch Aufrichtung der Restgemeinde durch Exils-Propheten mit die trostlose Gegenwart übersteigenden Verheißungen eines „neuen Jerusalem" auf „neuer Erde", unter „neuem Himmel", bringen eine Vertiefung der Gottes- und Glaubens-Erfahrung. Gott, bislang primär als Retter *vor* Not und Tod geglaubt, mutet dem Volk zu, ihn zu erfahren und zu verstehen vorrangig als Retter *in* und *aus* Not und Tod. Er tut sich darin kund als *einzigen* Gott, mit keiner Welt-Macht mehr verwechselbar, der selbst die „Mächte und Gewalten" *be*steht und sie bestehen hilft; der das Leid, das die Mächte auslösen, mitträgt und sie endlich entmachtet, indem er sie heils-dienlich fügt: Er fügt Unverständnis, Untreue, Hass, Gewalt, Leid und Tod seinem Heils- und Retter-Willen ein und erweist sich *darin* als *all*-mächtig und *all*-rettend: „Jedes Tal wird gehoben werden, jeder Berg und Hügel wird einsinken" (Jes 40,4); „Blinde mache ich gehen auf unbekannten Wegen ..., das Finstre vor ihren Augen mache ich zu Licht" (Jes 42,16).

Darauf läuft die Botschaft zu, die in den vier Liedern vom Gottesknecht niedergelegt ist. Sie enthält auch den Schlüssel zum Lebens- und Sterbens-Geheimnis Jesu.

„Ihr wisst", hatte Paulus den korinthischen Christen geschrieben, „dass der, der den Herrn Jesus auferweckte, auch uns mit Jesus auferwecken wird" (2Kor 4,14). Dieser rettenden Grundtat – Gott lässt die seinem Sohn durch Glaube/Taufe Verbundenen an dessen Auferweckung teilhaben – ordnet er auch sonstige im Leben erfahrbare Hilfen (Fügungen) und Rettungstaten zu, sie münden in diese Mit-Auferweckung des Glaubenden mit Jesus ein.

Dieser Zusammenhang ist jedoch nicht jedem beliebigen Verstand demonstrierbar. Wie erwähnt, warnte Paulus deshalb die Korinther Christen schon im ersten Brief. Nur „pneumatisch", das heißt, seit der Taufe mit dem Gottesgeist (Pneuma) begabte Menschen könnten dies verstehen (1Kor 2,14; 15,47). „Psychische" Menschen – bloß natürlich bzw naturalistisch denkende, fühlende Menschen – verstünden es nicht, hielten es für Unsinn. Auch die Evangelisten wissen: das richtige Urteil über Jesus unter den verschiedenen Meinungen und Ansichten ist Menschen nicht aus eigener Kraft möglich, vielmehr verdankt es sich der Offenbarung des „Vaters" (Mt 16,27; Joh 6,44-45; 8,15-16). Ähnlich deuten sie Jesu Blindenheilungen: seiner natürlichen Verfassung nach ist der Mensch blind vor Gottes Selbstoffenbarung in Jesus; Heilung von Blindheit ist Voraussetzung für Glaube und Nachfolge (Mk 10,52Par; Joh 9,35-41; Lk 24,3-6.11. 16.31).

Folglich ist auch das *Schicksal im Schicksal*, sozusagen, das Gott dem Glaubenden eröffnet und das dieser glaubend verstehen lernt, Außenstehenden weder beweisbar noch einsichtig zu machen.

Denn die Einsicht ist ja eine Gabe des *Pneuma,* des Gottesgeistes.

Werfen wir nochmals einen Blick auf das zuvor schon genannte Fall-Beispiel:

Der beim Aufprall auf ein Auto schwer verletzte, dem Tod knapp entronnene Motorradfahrer erklärt einem Besucher am Krankenbett, der „liebe Gott" habe ihn „beschützt". Ein dem Naturalismus anhängender Besucher aber meint, der Verunglückte habe bloß Glück im Unglück gehabt, der Unfall hätte tödlich enden können – warum denn Gott, falls er im Spiel war, den Unfall nicht überhaupt verhindert habe!? Ist der Patient nun im Glauben an den Gott der Bibel gereift, hat erkannt und verinnerlicht, dass Gottes Heilswille für die Welt auch *sein* Heil, das Heil *dieses* – verunglückten – Menschen will, so glaubt er *nicht,* Gott habe das Unglück gefügt, *sondern* traut darauf, dass Gott dieses (nach normalen, physikalischen Gesetzen abgelaufene) Unglück dem Verunglückten zum Heil fügen will: hier und jetzt, sowie in der dem Unfall nachfolgenden Lebensgeschichte; als *Betroffener und* Geist-Begabter könne er dies deutlich erkennen oder werde es mit der Zeit erkennen. Er wird sich, obschon „mit Furcht und Zittern" (Phil 2,12), darauf verlassen, dass Gott, sich des Unglücks heilend *bemächtigend,* ihn seinen Hirten-„Stab" sehen oder spüren lassen, ihn – was immer auf ihn zukommt – darin *getrost* machen wird.

Mit anderen Worten: sein Besucher am Krankenbett registriert das *äußere* Schicksal, der Verunglückte realisiert sein Schicksal *im* Schicksal, sein *inneres* Schicksal mit Gott, das im äußeren beginnt, sich des äußeren gleichsam bedient – nicht indem es dieses verhütet, sondern indem es dieses zum Guten wendet.

Dieser Gang der Dinge ist vielen von altersher vertraut.

Die Bibel Alten wie Neuen Testaments betont ja recht häufig die Erfahrung, Gott begegne *in* Ereignissen, die „plötzlich" oder „unversehens" kommen, die auf einen Schlag – „von jetzt auf nachher" – ein Leben verändern, eine Zeit abschneiden (zB Jes 29,5; Jer 15,8; Mal 3,1 u.ö.; Mk 13,35-36 Par; Apg 2,2; 9,3; 22,6 u.ö.). Plötzliches gilt als bevorzugte Signatur Gottes. Moderne Menschen verbinden es eher mit Zufall. Das eine schließt das andere nicht aus. Einerseits fällt weder der Zufall noch das Plötzliche aus dem Rahmen der Naturgesetze. Andrerseits: Das Plötzliche, Unvorhersehbare (man denke an Erkrankte, Verunglückte) stoppt häufig den normalen Betrieb, verfügt Pause, wirkt sich gleichsam aus wie ein erzwungener *Sabbat* oder wie eine Zeit der *Einkehr*. Ob es jemand will oder nicht, plötzlich und unvorbereitet kommt die Existenz, die Frage nach Sinn oder Unsinn des Lebens vor das innere Auge und prüfende Gewissen ...

Nehmen wir eine nüchterne Feststellung von *Newman* hinzu: die religiöse Einbildungskraft nehme „als sicher" an, was zu beweisen langwierig wäre, „dass die Naturgesetze zwar allgemeingültig sind, sich aber doch mit einer besonderen Vorsehung vertragen". Sie deute die Ereignisse „mit Hilfe dieses vorausgehenden inneren Unterrichts", der durch die Gewissens-Erfahrung in der Person stattfinde.[55]

Das meint: Auch wenn die Abfolge der Ereignisse an einem „Unglückstag" in die Verkettung bestimmter Umstände und Gesetzmäßigkeiten gut hinein´passt`, kann das innerste, für Gott „sensible Herz" (*Pascal*) oder Gewissen (*Newman*) das konkrete Schicksal, sozusagen dessen Rückseite erspüren als gerade ihm zugemutet von Gott und seinem Heilswillen, kann also darin und dahinter Gottes „Hirtenstab" wahrnehmen.

---

[55]   *Newman,* 82

Wer so in und hinter seinem Schicksal Gottes „Hirten-stab" erspürt, kann es zwar anderen mitteilen, es ihnen aber höchstens in Andeutung einleuchtend machen. Denn die Gottesgewissheit des Menschenherzens beruht „mehr auf Erspüren als auf Erkennen".[56]

Eine Bemerkung *Newmans* in einem seiner Briefe geht zunächst gegen damalige Kreationisten: „Ich glaube an Zweckmäßigkeit (*design*), weil ich an Gott glaube, nicht an Gott, weil ich Zweckmäßigkeit sehe".[57]

Doch lässt sich diese Bemerkung ohne weiteres auf unser Thema hin umsprechen: *Ich glaube an Fügung, weil ich an Gott glaube, nicht an Gott, weil ich Fügung sehe.*

Agnostiker und Skeptiker ersetzen nämlich im zweiten Satzteil das Wort „Fügung" durch „Glück" oder „glück-lichen Zufall" u.ä. und betonen, davon sei kein vorbe-haltloser, eindeutiger Schluss auf Gott möglich. Für den bekannten Physiker *Werner Heisenberg* jedoch war das Kaleidoskop ein Sinnbild der „zentralen Ordnung" hinter den zahlreichen Gebilden, Aspekten und Zufällen der Welt:

Dieses Gerät enthält hinter einem Glasdeckel farbige Plätt-chen, die man durcheinander schütteln kann, so dass immer wieder andere, zufällige Zusammensetzungen entstehen, die aber stets einen harmonischen Eindruck machen. Dies kommt daher, dass in den Glasdeckel ein regelmäßiges optisches Netz eingeritzt ist. Ein kausaler Zusammenhang zwischen der Optik und der Bewegung besteht nicht, trotz-dem ist das Ergebnis wohlgeordnet. Bei diesem Gleichnis handelt es sich um sinnvolle Zufälle ...Sie sind denkbar innerhalb der Feldwirkung einer zielgerichteten Ordnung. (nach *K. Sonntag*)

---

[56]   Nach *Bonaventura* ist die innerste Gotteserkenntnis ein „*magis sentire quam cognoscere*": Itinerarium VII,3

[57]   Brief an *W.R. Brownlow* vom 13.4. 1870; zit. bei *Bischofberger*, 132

11. Gott und die unvorhergesehenen Katastrophen

Wie aber – meldet sich die nächste Frage – stellen sich Katastrophen, zum Beispiel der ostasiatische Tsunami (von 2004) oder das ähnlich viele Todesopfer kostende Erdbeben von Haiti (Anfang 2010), aus Sicht des biblischen Gottesglaubens dar?

Rücken wir vor dieser oft gestellten Frage vorab die Proportionen zurecht!

Anfangs steht wohl jeder sprachlos und schockiert vor solchen Einbrüchen der „Mächte und Gewalten" ins friedliche Leben. Dann meldet sich das normale Bedürfnis, unmittelbar oder mittelbar zu helfen bzw Hilfsmaßnahmen zu unterstützen. Sobald die Hilfsmaßnahmen laufen, wollen dennoch viele Menschen – aus vermeintlich sicherer Distanz – die Katastrophe auch seelisch, geistig, weltanschaulich bewältigen. Man bedauert die „armen Leute dort" für ihr „grausames Schicksal". Manche Kreise, christliche wie esoterische, scheuen nicht die Vermutung, die Betroffenen müssten ihr schlimmes Schicksal „verdient" haben (als Karma-Schicksal). Einschätzungen solcher Art weisen andere indigniert ab, sie müssten sonst denken wie *Jeronimo* bei *von Kleist*: „Fürchterlich schien ihm das Wesen, das über den Wolken waltet".[58]

Ehe man fragt, was Gott mit so schockierenden Katastrophen zu tun habe, ist es ratsam, sich zu erinnern, dass Ausmaß und Massivität von Verwüstung und Verlust an Menschenleben häufig genug dem Menschen selbst anzulasten sind: seiner Gedankenlosigkeit, notorisch leichtsinnigen Unterschätzung von Gefahren, seinen Versäumnissen (bei Vorkehrungen, bei der Infrastruktur, beim Häuser- und Städtebau), unbedachter Zerstörung der Umwelt, Politik-Fehlern u.a.m. Katastrophen bieten

---

[58] Das Erdbeben von Chili, in: Erzählungen, 166

darum häufig die Chance, frühere, jetzt als *fatal* erlebte Fehlleistungen aufzuarbeiten und zu beseitigen.

Wenn wir vorangegangene Überlegungen aufnehmen, liegt ein Stück Klärung auf der Hand: Gott war – wie früher erwähnt – schon lange vor der Katastrophe ´da`, und zwar rechtzeitig, als er die Verantwortlichen der Bereiche vor, bei, nach ihrem Tun und Lassen mit ihrer Verantwortung konfrontierte, sie auf dem Weg des *Gewissens* entweder ermutigte, drängte, notwendige Maßnahmen zu ergreifen, oder umgekehrt warnte, bestimmte Maßnahmen (zB Missachtung einer Vorschrift, Beseitigung von Schutzräumen), zu unterlassen. Erfahrung weiß, dass viele Verantwortliche die Risiken erkannt, die Erkenntnis aber weggeschoben hatten.

Wie steht es aber mit Katastrophen, die *ohne* menschliches Zutun oder Versäumnis geschehen? Haben sie einen Bezug zu Gott? Hat Gott eine Beziehung zu ihnen? Lehrreich wie stets sind auch hier biblische Zeugnisse.

Sie sind jedoch schon im Alten oder Ersten Testament nicht fraglos eindeutig. So empfanden auch rabbinische Theologen, die in sog. midraschim (Untersuchungen zu Gesetz und Propheten) über Gott – Welt – Israel nachdachten. Der wechselvollen, etliche Katastrophen durchlaufenden Geschichte Israels entnahmen sie, dass die priesterliche Schöpfungserzählung (Gen 1,1-2,4a) das Verhältnis des Schöpfers zur Chaosmacht (Tohuwabohu) zwar unproblematisch-spannungsfrei zeichne, die Zeichnung aber mit der erlebten Realität nicht übereinstimme. Die von Israel erlebte Welt gliche eher dem Tohuwabohu vor dem Schöpfungsakt von Gen 1 als dem geordneten Kosmos des ersten Kapitels der Bibel. Die Rabbinen registrierten das Beharren, Verharren des Chaotischen (Sammelbegriff für das Böse und das Leid) in Gottes Schöpfung. Durch Wort- und Textvergleiche, v.a. in Psalmen und Propheten machten sie dafür mehrere Ursachen ausfindig.

Das Chaos wird (wie schon in altorientalischer Mythologie) als eine Art eigenständiges Ungeheuer gesehen, das Gott nicht einfach stilllegen, sondern nur zähmen könne, indem er ihm einen gewissen Eigenraum seiner Furchtbarkeit belasse (vergleichbar dem sich hoch aufrichtenden, stürmisch anbrandenden Meer). Die gefahrvolle Macht des Chaos erscheine gar im Menschen, selbst in Israel, im Bundesvolk. Aktive Treue zur Tora aber banne das Chaos. Manche Rabbinen denken für die Macht des Chaos gar an einen Antagonismus in Gott [59] (ähnlich dem berühmten Widerstreit in Gott zwischen Herz und Zorn in Hos 11,8f). Christliche Gotteslehre hat, da durch die frühen östlichen Theologen auf die griechisch-philosophische Fassung des Glaubens festgelegt, zu den Überlegungen dieser Rabbinen keinen Zugang. Mit Thomas von Aquin lehrt sie, Gott habe, als er die Welt „aus Nichts" erschuf, keinen Stoff zur Voraussetzung gehabt; Verschiedenheit und Vielfalt in den Dingen komme nicht von der (als bloße „Möglichkeit" gefassten) Materie, sondern spiegle die Güte Gottes, den Reichtum seines Gut-seins.[60] Für dieses Denken kann Böses nur nicht-göttlicher Herkunft sein (gefallene Geschöpfe: Engel /Teufel, sündige Menschen); physisch-psychisches Leid erklärt es als Folge des Bösen oder redet es im Vergleich zum Bösen klein (böses Tun von Menschen stifte größeres Leid). Mag man auch, zumal von katholischer Seite, die Verschmelzung biblischer Botschaft mit griechischer Philosophie als providentiell rühmen, wäre an diesem Punkt wohl noch einmal neu nachzudenken. Die kirchenamtliche Lehre überzeugt die Menschen vor der Häufigkeit und Macht schicksalhaften Leids nur halb – so offenbar schon seit Jahrhunderten. Das evolutive Weltbild könnte hier, im Vergleich zum statischen der Vergangenheit, neue Türen öffnen.

Beispiel: Der Dualismus altorientalischer Weltschau ist nicht nur abstrakt-systematisch zu bewerten, sondern auch als Spiegel menschlicher Erfahrungen mit der Welt.

---

[59] Ausführliches Material bei *Zumbroich*, bes. 23-51 !
[60] *Thomas von Aquin*, comp. theol., cc. 69-72

In einer werdenden Welt ließe sich der biblische Gottesglaube neu verständlich machen: Statt schon von vornherein Gottes Gut-sein abzubilden, würden die (oft Leid mitführende) Vielheit und Vielfalt der Welt, das Ungezähmte, Unverbundene in ihr, von Gott erst zum Gut-werden gebracht, gefügt werden: in der Ur-Handlung von Scheiden und Berufen. Statt von purem „Nichts" reden die Schöpfungszeugnisse Gen 1-2 von „Noch nicht" („terem"): noch ist es kein fruchtbarer Boden, keine lebensfreundliche Welt, Kultur, bis der „Gott des Lebens" seine Gaben gibt und den Menschen zu seinem Werk beruft.

Das Folgende enthält weitere Hinweise.

12. Was ist universale Gottes-Herrschaft?

Erwägen wir zunächst einen bedeutsamen Gedankengang bei *Paulus*. Als er die Wahrheit der Auferweckung Christi verteidigt, spricht er von der Vollendung der Schöpfung durch Christus (1Kor 15,22-28). Dabei gebraucht er ein Wort (*télos*), das die meisten Übersetzer mit „Ende" wiedergeben: „Danach (kommt) das Ende" (v 24 LÜ/EÜ). Doch meint dieses griechische Wort (samt Derivaten) weniger das Aufhören als vielmehr das Ins-Ziel-Kommen. Daher ist die Übersetzung „Voll-Endung" vorzuziehen. Nach Paulus hat die sich vollendende Schöpfung eine Ordnung (*tágma*): „Erst-Frucht" (*aparché*) sei der auferweckte Christus, dann kämen, zu seiner Parusie, die ihm Angehörigen. Vollendet aber sei die Schöpfung, wenn Gott (vgl. Ps 110,1: Messias-Psalm) durch Christus jede Macht, Herrschaft und Kraft, zuletzt aber den Tod, „vernichtet" habe. Die Übersetzung „vernichten" ist jedoch irreführend, da ungenau-einseitig. Das von Paulus hier mehrmals verwendete griechische Kompositum (*katargéō*) führt in eine andere Szene. Das zugehörige Hauptwort (*argía*) besagt *Untätig-sein, Ruhe*. Das einfache Zeitwort (*argéō*) meint daher *untätig* oder *müßig sein*. Mit der Vorsilbe (*katá*) bezeichnet es eine transitive Handlung: jemanden *in Untätigkeit versetzen, handlungsunfähig machen*.[61] Das aus Ps 8,7 angefügte Bild sagt, dass Gott Christus „alles unter seine Füße" lege (v 25). So wird klar, dass nicht an Vernichten gedacht ist, sondern an Beherrschen der Mächte durch den König (*basileús*). Mächte werden beherrscht, wenn sie in das Regiment des Herrschers eingefügt werden. Paulus gebraucht zudem das Wort „unterordnen" (*hypotássō*); er

---

[61] Die lateinische Übersetzung (Vulgata) verwendet in diesem Zusammenhang die Verben *evacuare, destruere* (für den Tod) sowie *subjicere*. Davon ist zumindest *destruere* sinnwidrig.

wendet es auf das All der Mächte an, schließlich auf den „Sohn" selbst, der sich dem „Vater" unterordnen werde, damit Gott *Gott* sei in Bezug auf alles in allem (v 28). Nicht also ist gemeint, die Mächte würden ausgetilgt oder vernichtet. Wäre es so, bedürfte es keiner Herrschaft mehr über sie. Insoweit ihre separate *Eigen*-Tätigkeit und *Eigen*-Wirksamkeit auf Untergang und Tod programmiert ist, wird sie am Ende stillgelegt. Ihre bisherige Eigen-Tätigkeit und -Wirkung wird *von oben* eingestellt und insofern zur *Ohn*macht. Ihre Kraft, Macht, Wirkung wird aber genützt durch ihre Einordnung in die Ziele der *neuen* Herrschaft – der Gottesherrschaft.

Die Erörterung mag zeigen, dass es hier nicht um Wortklauberei geht. Die ganze Fragestellung an Gott wird ja verändert, je nachdem ob man glaubt, Gott werde Feind-Mächte „vernichten" (warum hat er sie dann überhaupt geschaffen oder „zugelassen"?), oder dem biblischen Zeugnis entnimmt, Gott handle, indem er die nicht-göttlichen Mächte seiner Macht unterstellt und einfügt und so seine *All*macht ausübt.

Dieses Zeugnis sagt: Gott schafft Lebensraum und ermöglicht Leben, indem er Chaos-Macht in Grenzen weist, dem Leben dienlich – „zugute" – fügt und Gestörtes, Verstörtes, Zerstörtes heil macht. Dies aber nicht in einer statisch vorgestellten Welt, an der der Schöpfer hinterher noch gleichsam Reparaturen vornehmen müsste. Es ist vielmehr eine Welt in Entwicklung und Geschichte, durch die hindurch Gott, sie *gut* machend und heilend, ihre Vollendung *schafft*.

Davon handelt auch ein beredtes Beispiel aus den Evangelien, nämlich die Erzählung von der Stillung des Seesturms durch Jesus (Mk 4,35-41 Par).

Geographisch spielt die Szene im See Genezareth. Er gilt im Volksmund als „Meer" (*jam* bzw *thálassa*), weshalb Mk zwei Mal den Ausdruck *Meer* gebraucht (vv 39.41), Mt drei Mal (8,24.26.27).[62] Meer und Wasser bezeichnen zwar konkrete Naturgewalten, doch versteht der Hebräer sie hintergründig zugleich als Aspekte oder Konkretionen der urzeitlichen Chaosmacht (Ps 88,17ff; Jes 27,1). Im *Meer* der Sturmstillung tritt die Urflut (*t*ᵉ*hom, hamajim* – LXX *ábyssos, hýdor*) der Schöpfungserzählung von Gen 1 auf. Wenn es von Jesus heißt „er schalt den Wind und sprach zum Meer: Schweig! Verstumme!" (Mk 4,39 Par), so weist auch die Formulierung auf die Schöpfungstaten von Gen 1 zurück. „Schelten" (*epitimān*, hebr *g'r* [נער]) ist Gottes-Vokabel, sie betont dessen Herrschaft unter dem Aspekt des Zorns, v.a. gegen Widermächte wie Wasser und Meer (Repräsentanten des Chaos). Gott schafft – wie gesehen –, indem er das Chaos bannt und ihm dienlich macht. Sein Schöpferwort ist scheltende Unterwerfung der Gegen-Mächte (zB Ps 18,10ff; 104,7ff). Die Formulierung „Und legte sich der Wind, und es ward große Stille" (Mk 4,39b Par) spiegelt den Refrain der Schöpfungstaten „Es werde (*j*ᵉ*hi*, LXX *genæthéto*) – und es wurde (*waj*ᵉ*hi, kaì egéneto*). Scheltendes Zur-Ruhe-Bringen des tobenden Meers ist Ausübung von Schöpferkompetenz. Mk sieht die Handlungen (auch zB Heilungen) Jesu überhaupt als Taten des Schöpfers, dessen Kompetenz (*exousía*) in Jesus sichtbar wird (1,25.27; 2,11f; 5,41f;6,48ff; 7,34f usf). So bekennen es auch die Augenzeugen: „Er [Gott] hat [hier: durch Jesus] alles (!) *gut* (*kalōs* – hebr. *tov*) gemacht" (Mk 7,37).

---

[62] Bis heute heißt der See offiziell *jam ha-Kinneret* ! Vgl. „Schwäbisches Meer" (Bodensee). Lk gebraucht die Vokabeln „See" (*límne*) u. „Wasser" (*hýdor*).

Bezeichnenderweise fügen sie an: „er *macht* (Präsens – *poieï*) [63] die Tauben hören und die Stummen sprechen!" Hier wie dort wird das destruktive Unwesen der Widermächte gerichtet und in die Schöpfungsordnung gerufen und verfügt. Sturm- bzw Meeres*stille* kündet das „Gut"- Gewordensein der Schöpfung *hier und jetzt*, wozu auch das Freiwerden der Jünger von der Furcht gehört.

Nochmals, wie durch eine Lupe, ist Gottes schöpferisches Heilswirken am Kreuz-Geschehen zu beobachten. Denn auch im Kreuz erscheint und wirkt sich aus zunächst die destruktive Macht des Chaos (Hass, Gewalt, Finsternis,Tod). Dann aber wird die tötend-zerstörende Gewalt des Chaos *begrenzt* (gemäß der Ur-Scheidung von Gen 1), und zwar dadurch, dass Gott selbst – in der Tat, die wir mit „Ostern" umschreiben – *sich* des von den Todes-Mächten gequälten Gewalt-Opfers, ja des Todes selbst *bedient,* um neues Leben zu ermöglichen, das dem Tod zu trotzen, ihn zu überleben vermag: „Tod, wo ist dein Sieg? Tod, wo ist dein Stachel?" (1Kor 15, 55). So haben es die Oster-Zeugen nach und nach begriffen: der Tod Jesu, wo Finsternis alles ´über-flutet`, wird von Gott (durch Jesus) zur Leben schaffenden Selbst-Hingabe „für die Vielen" gefügt; wird in Gestalt des Mahles (Brot und Wein) dienstbar – „zugute" – verwandelt in „Brot" für die Welt, heißt, Leben aus Gott, Tod besiegendes Leben für die Glieder des „Leibes Christi" in Formen sakramentaler Zuwendung.-

Wie auch die zahlreichen Heilungstaten Jesu in den Evangelien offenbaren, sind in Gottes bzw. Jesu Augen die Gebrechen und Behinderungen, unter denen Menschen leiden, einerseits unvermeidliche Phänomene

---

[63] Schon in der griech. Übersetzung des AT (LXX) ist *machen* (*poieïn*) terminus technicus für *'sāh* (עשׂה) sowie *bara'* (ברא), hebr Begriffe für Gottes schöpferisches Tun, ein Sprachgebrauch, dem sich die Autoren des NT anglichen.

der Welt, wie sie ist, tragen aber trotzdem den Makel des Nicht-sein-Sollenden, das dem Gut-sein, der Güte des Schöpfer-Wollens entgegensteht. Jesu Heilungstaten erscheinen gleichsam als Beispiele des Gut-machens und Gut-werdens der Schöpfung von Seiten Gottes (zB Mk 4,35-41 Par; 7,37). Gottes Schöpfung ist, anders als man, dem statischen Weltbild gemäß, früher annahm, nicht etwa fertig, sondern im Gange und harrt ihrer ´Gut-werdung`. Seit *Darwins* das Weltbild revolutionierender Vision ist das *evolutive*, inzwischen auf den Kosmos aus-gedehnte Weltbild nahezu Allgemeingut. Auch erleichtert es eine andere theologische Sicht.

Aufmerksame Lektüre der Bibel entdeckt, dass für die biblischen Erzähler der Gott Israels und der Völker an geschichtlichen Wendepunkten aktuell schöpferisch tätig ist; dass (zumal bei exilischen und nachexilischen Propheten) Gottes Schöpfer-Engagement und sein Heils-Engagement als innere Einheit geschaut werden. Die Vollendung der Schöpfung in Gottes Ruhe (Gen 2,2f) – Aspekt des Heilswillens Gottes – ist zentrales Thema auch im Neuen Testament. Sie gipfelt im Achten Tag, Tag der Auferweckung Christi, „des Erstgeborenen vor aller Schöpfung, in dem alles geschaffen wurde" (Kol 1,15-16), in dem wir „erwählt" sind „vor Grundlegung der Schöpfung", und in dem „alles, was im Himmel und auf Erden ist", vereint (Eph 1,4.10) und alle Todverfallenheit überwunden sein soll (Röm 8,20-24; 1Kor 15, 21-26. 42-55; Apk 21,1-4). Christus erschien als „das Wort", sinngemäß als die Berufung der Menschen, „die ihn aufnahmen", „Gottes Kinder" zu werden (Joh 1,1-12).

All das erfüllt sich in der Schau des „neuen Himmels", der „neuen Erde", des „neuen Jerusalem", sowie des Thronenden, der „alles neu macht" und verkündet „Ich bin das A und das Ω, der Ursprung (arché) und das Ziel (télos)" (Apk 21,5f).[64]

Von Anfang an, durch die Zeiten bis in Gegenwart und Zukunft ist der Gott der Bibel zum Heil der Schöpfung engagiert in Scheidung des Lichtes und Lebens von den Mächten Chaos, Tod: durch deren Begrenzung wie auch In-Dienst-Nahme für Leben und Heil. Teil davon ist die Berufung der Menschen als verantwortliche *Mit-Schöpfer* (Gen 1,27ff; Ps 8,6-9), *Zeugen* (Mk 16,15.20; Mt 28,19f; Lk 24,48; Joh 20,21; Apg 1,8), *Samariter* (Mt 25,34-40; Lk 10,1ff.9.25-37; Röm 12,4-21; 1Kor 13,1-7; 1Joh 3,11-18; 4,7-21).

Wo im plötzlichen Unglück Menschen furchtsam, schockiert oder resigniert auseinanderlaufen im Drang, sich selber zu retten, da wird das Unglück tödlich, weil Menschen sich davon vereinzeln, voneinander trennen lassen. Dann bewirkt es den Tod des Geschöpfes Mensch, das *Gott* gemeint hat und das er will; denn die Isolierung bringt im Gefolge – auf Dauer – solche Menschen auch um ihr leibliches Leben (ähnlich dem Schicksal verirrter Beutetiere der Steppe). Wo aber, im Gegenteil, Menschen in einer plötzlichen Katastrophe – dem Schwindel der Angst widerstehend – sich einander zuwenden, einander annehmen, füreinander einstehen, Not und Brot miteinander teilen, trotzen sie, unbedingt zusammenhaltend inmitten der Not, dem Sog des Todes, sie antworten und öffnen sich jener Lebens- und Liebeskraft Gottes (dem Schöpfergeist), die aus Angst und Tod *auferstehen* macht mit Christus in lebendiges Für- und Miteinander, welches den „neuen Himmel", die „neue Erde" hier und jetzt ahnen und (wie ein Stück Ouvertüre) leben lässt (Mt 18,20).

---

[64] Die kirchliche Osternacht-Feier vereint all diese Visionen.

Für die Augen des Glaubens sind Katastrophen Boten der vergänglichen Welt wie auch der unvollendeten Schöpfung und Heilsgeschichte. Sie erinnern daran, dass die Unterwerfung der Chaosmächte zwar eingeleitet ist (unter dem Zeithorizont gesprochen), diese jedoch für uns zeitgebundene Wesen noch nicht endgültig geschieden und Gottes Heilsprojekt untertan gemacht sind. Sie erinnern daran, dass unser irdisches Leben – bei aller Schönheit, auch aller Not – vorläufig ist, den Tod noch vor sich und zu bestehen hat.

„Das Drama der Schöpfung ist nicht abgeschlossen. Noch hat der Kosmos sich gegen das Chaos nicht durchgesetzt. Aus dieser Situation heraus muss der Glaube zur Hoffnung werden, dann kann er das, was uns heute bedrückt, Zwangs-Realität nennen und das, was sich nur in Hoffnung ahnen lässt, Wirklichkeit."[65]

---

[65] *Trigo,* 115-116

13. Die Bibel und die Umkehrung der Perspektive

Die meisten Menschen legen sich schon in jungen Jahren eine bestimmte Sichtweise auf das Leben, die Mitmenschen, die Welt, schließlich auf die Religion zu. Zwar modifiziert sich die angenommene Sichtweise im Lauf der Jahrzehnte aufgrund einschneidender Erlebnisse. Doch tun sich Menschen sehr schwer, ihre langgewohnte Sicht auf Leben und Welt aufzugeben, eine neue Sicht der Dinge anzunehmen.

a. Ein Massaker und ein fallender Turm

Doch genau dazu (Stichwort „Umkehr") sieht sich der Leser der Bibel stets aufs Neue herausgefordert.
Dies zeigen auch zwei beispielhafte Begegnungen Jesu mit vom Schicksal schwer getroffenen Menschen.
Jesus hört klagen, Pilatus habe fromme galiläische Pilger niederhauen lassen, ihr Blut habe sich in das Blut der Tiere, die sie eben opferten, gemischt. Hinzu tritt die Nachricht, der Turm von *Schiloach* habe einstürzend achtzehn Menschen unter sich begraben. Beide Vorfälle nimmt Jesus zum Anlass, die Boten zu belehren, sie sollten nicht meinen, die getöteten Pilger oder die achtzehn vom Turm Erschlagenen seien, weil sie das erlitten, größere Sünder gewesen als andere, vielmehr würden alle, die sich über die Vorfälle aufregten, „genauso umkommen", wenn sie sich nicht bekehrten (Lk 13,1-5 EÜ).
Im einen Fall werden anscheinend friedliche Menschen Opfer der Bosheit, vielleicht auch Angst des Statthalters einer fremden Macht, im anderen Fall geschieht, wie so oft, ein Unglück, das von einem Augenblick zum anderen zahlreiche Menschen – die Getöteten, die Angehörigen und Freunde – grausam trifft: den einen brutal das Leben verkürzt, den anderen den Lebenspartner, Ernährer, Vater, Mutter oder Kind raubt, sie in tiefsten Kummer stürzt.

Jesu Antwort klingt nicht nur wenig einfühlsam, sie droht gar allen anderen ein ähnliches Schicksal an und irritiert noch dadurch, dass sie das schlimme Schicksal als eine Art ´gerechte Strafe` für mangelnde Bekehrung in den Raum stellt. So nährt Jesus scheinbar die alte Furcht, Unglück, das über Menschen fällt, sei von einem zornigen, ungerechten und willkürlichen Gott verhängt.

Viele legen diesen Text als anstößig-abstoßend zur Seite. Allerdings folgt ihm eine kurze Parabel, deren Inhalt ganz anders klingt als die eben skizzierte Auslegung.

Es ist die Parabel vom Feigenbaum, den der Besitzer ob dessen schon drei Jahre anhaltenden Unfruchtbarkeit verständlicherweise umhauen will, für den aber der Winzer unerwartet Fürbitte einlegt und ein Jahr Aufschub erwirkt, damit er ihn hegen und pflegen könne in der Hoffnung, dass er doch noch Frucht bringe (13,6-9).

Beide Abschnitte sind genauerer Beachtung wert.

Wenden wir uns zunächst dem ´anstößigen` Text zu.

Die Schlachtung von Tieren im Sühnopfer[66] ist, wie bekannt, eine Ersatz-Handlung. Mit dem – sorgsam aufgefangenen – Blut des geschächteten Tieres wird dessen Leben an Gott zurückgegeben, stellvertretend für das des opfernden Menschen. Vergießen von *un*schul-digem *Menschen*-Blut ist in der gesamten Antike ein von Gott und Göttern geächtetes, unter Fluch stehendes Kapital-Vergehen. Der Täter kann selbst nicht am Leben bleiben, es sei denn, er war im Recht, das heißt, vergoß das Menschen-Blut in göttlichem Auftrag, zumindest mit göttlicher Duldung. Diese mögliche Alternative ist hier Ausgangspunkt und Thema.

Jesus reagiert etwa auf folgende Erwägungen bei den Berichterstattern: Waren die niedergemetzelten Pilger vielleicht vor Gott so tief in Schuld/Sünde verstrickt, dass es außer dem Blut der Tiere auch noch ihres eigenen

---

[66] Zum Folgenden siehe z. B. *Volz*, 116-147

Blutes bedurfte? Das Alte Israel kannte ja Kapital-Vergehen, „mit erhobener Hand" (absichtlich) begangen, die nicht mit Tier-Opfern sühnbar waren, einzig durch „Ausrottung", Tod des Missetäters (Num 15,30-36). Dazu gehörten Abgötterei, Gotteslästerung und Verachtung der Tora.

Wegen Vermischung mit Fremdstämmigen standen die Bewohner Galiläas bei den Frommen des Südens ohnehin im Geruch, dem Glauben der Väter untreu zu sein. Dann wäre ihre Pilgerfahrt zu Jerusalems Tempel bloße Zeremonie und ihr Tempel-Opfer Heuchelei, Sakrileg. Hat – so der Hintergedanke der Boten – *Gott* vielleicht selbst eingegriffen und, die Heuchelei aufdeckend, die Galiläer durch die Hand des Pilatus für ihre Lästerung mit dem Tode bestraft?

Die Vermutung der Frommen ist durch die Geschichte hindurch immer wieder dieselbe: trifft einen anderen unerwartet ein Unglück, entspreche das Unglück „sehr genau seiner Versündigung".[67] Die Verwendung des Wortes „erleiden" in v 2 deutet in diese Richtung. Jesus, selbst Galiläer, knüpft an dem Gedanken der Leute an, weist ihn nicht indigniert zurück, nimmt auch die zu Tode Gekommenen, die er ja nicht kennt, nicht in Schutz. Er wehrt der Phantasie der anderen nur dort, wo sie glauben, sich mit Schuldzuweisung an die Umgekommenen („selber schuld") von ihnen distanzieren zu können. Sie sollen sich einbeziehen – deshalb „alle" in v 3 –, denn sie sitzen mit den Umgekommenen in einem Boot. Sie alle sind solche, die „umkehren" müssten, es aber bisher nicht taten. „Alle" bezieht sich auf „umkehren", nicht auf „umkommen". Das heißt, *alle* – die Umgekommenen und die Davongekommenen – gleichen einander in ihrer Verfassung vor Gott. Ihrer aller Verfassung vor Gott wird als „Sünde" gekennzeichnet.

---

[67] *von Rad*, 83; vgl. *Zenger* (1980), 31-35, bes. 32!

Unter „Sünde" versteht die Bibel den Bundes-Bruch, die Bundes-Untreue; ihr Gegenbegriff „Gerechtigkeit" bezeichnet die Bundes-Treue.

Vom „Sünder" erwartet der Bundes-Herr nicht, dass er „Buße tue" (*Luther*-Übersetzung) – das tun ja die Opferer –, sondern sich besinne, sich neu zu ihm hin kehre, wie Hos 6,6 sagt: Gott wolle „Gerechtigkeit", „nicht Opfer". Widrigenfalls befinden sich die ungetreuen Knechte in einer Fluch- und Todes-Verfassung (Dtn 30,15-20).

Die allen aufgetragene „Umkehr" zum Herrn, zu Gott, ist ständiges Thema im Lk-Evangelium (5,32; 11,32; 15,7; 16,30; 17,3f; 24,47). Jesus redet hier und anderswo in der Rolle des Bundes-Herrn bzw. seines Bevollmächtigten, und seine Adressaten sind „allesamt" Sünder, die der Umkehr bedürfen. In dieser Rolle hat er die über der Bundes-Satzung liegende Sanktion – Segen oder Fluch – anzusagen oder zu erinnern. Hier benützt er die in vv 1 + 4 erwähnten Vorfälle, um die Unheils-Verfassung „aller" zu beleuchten: Ihr seid *alle* in der Fluch-Verfassung! (vgl.Täufer-Predigt Lk 3,1-20). Das meint der Schluss von v 3, gewöhnlich übersetzt mit *ihr werdet genauso* (EÜ) / *auch so* (LÜ) *umkommen.* Die lateinische Wiedergabe *similiter* (Vulgata in vv 3+5) trifft den Sinn des griechischen Wortes besser; gemeint ist „so oder ähnlich", die Tötung (v 1) und den Einsturz (v 4) zusammennehmend.

Der Ausdruck „umkommen" (*apoleîsthai*) ist *terminus technicus* für das Schicksal der Menschen unter dem Fluch; es steht für den hebräischen Terminus >*bd* und meint *verloren gehen, zugrunde gehen* (vgl. Dtn 28,20; 30,18; Ps 73,27 MT + LXX). Fluch-Verfassung besagt Gottes-Ferne; diese bedeutet für die Erfahrung der biblischen Menschen Unheil, Verlust des Lebens, Verderben, Verlorenheit, Auslieferung an Chaos und Tod.

Gott hingegen bedeutet für ihre Erfahrung *Leben*:
Gott ist Quelle des Lebens (Ps 27,1; 36,10; Hi 33,4), Sein Bundes-Wort ist Weg zum Leben (Ps 16,11; 42,9; 91,16), Umkehr bedeutet Leben (Jer 25,5; Ez 18,32).

Das NT teilt diese Sicht uneingeschränkt, dehnt sie auf Christus aus (z.B. Röm 6,23; Phil 1,21; Kol 3,4; Apg 3,15; Joh 5,26; 6,35; 8,12; 14,6; 1Joh 1,2; 5,12).

In dem bekannten Gleichnis von den zwei Söhnen erklärt der Vater über den Heimgekehrten zweimal, er sei *tot* gewesen, aber wieder zum *Leben* gekommen, *verloren,* aber *gefunden, erfunden* worden (Lk 15,24.32). Zweimal, wie im Refrain, wird vom Evangelisten *tot* mit *verloren* parallelisiert, *leben* mit *gefunden werden.* Voraussetzung für Gefunden-Werden ist offenkundig die *Umkehr,* die der jüngere Sohn leistet (vv 17-19). Auch das Gleichnis vom verlorenen Schaf (Lk 15,3-6) erinnert an die Gefahr der Steppe: ein Jungtier, das seinen Eltern verloren geht, ein Herdentier, das seine Herde verliert, ist mit tödlicher Sicherheit *verloren* – verhungert oder wird zur Beute von Raubtieren.

Jesus mahnt die Zuhörer eindringlich, sie seien in Gefahr, weil sie den Anschluss an das Leben und an die Quelle von Leben verpassen könnten, so aber gefangen, verloren blieben in der bitter-grausamen Realität des Todes, der droht, zu ihrem endgültigen Schicksal zu werden. Dann wird die Unheils-Verfassung dieser Welt, die von Mord, Totschlag, Unglück, Katastrophen aller Art bestimmt ist, ihr alternativloses End-Schicksal sein. Eine Welt, wo es zum Tod keine Alternative gibt.

Darauf zielt auch *Paulus,* der den Tod „Sold der Sünde" nennt, die treu vor Gott ihren Dienst versehenden „Knechte" jedoch auf dem Weg zu „ewigem Leben" sieht (Röm 6,20-23).

Jesus fordert eine Umkehrung der Optik, die das Unglück anderer vom eigenen Ich entfernt halten, zum vermeintlich objektiven „Problem" machen will: Fragt nicht nach "Sünde" der Umgekommenen, zweifelt nicht am „unverständlichen" Gott, hadert nicht mit dem „grausamen" oder „ungerechten" Gott! – das ist verkehrte Perspektive! Gott ist anders, ihr liegt ihm am Herzen (vgl.Lk 12,22-32)! Er, der Leben ist und gibt, will mit euch ins Verhältnis kommen! Denkt also um, wendet euch ihm (neu) zu, Er will buchstäblich die Chance eures Lebens sein!

Wer diese Chance nicht ergreift und vor Gott im Abstand passiver ´Welt-Anschauung` verharrt, dem wird die Welt zur quälenden, unbeantwortbaren Frage, wandelt sich Vergänglichkeit in Sinnlosigkeit. Jesus will den Leuten klar machen: wenn ihr ´Hiobs-Boten` euer Leben fristet außerhalb der von Glaube/Vertrauen geprägten Beziehung zu Gott, *ist* und *bleibt* diese Welt, dieses irdische Leben für euch ein Ort der mit den Lebensjahren schärfer gefühlten Grausamkeit, Dunkelheit, Unverständlichkeit, Verlorenheit: Warum stirbt *der* – sterben *die* einen gewaltsamen Tod? Warum verlieren die einen ihr Leben ´blind` durch Unfall, Unglück „plötzlich und unerwartet" oder „viel zu früh", die anderen qualvoll langsam, „nach langem, geduldig ertragenem Leiden": durch Herzinfarkt, Schlaganfall, Krebs usw.? „Ihr werdet ähnlich *hilf- und trostlos* zugrunde gehen!" Wenn ihr euch jedoch Gott und Christus zuwendet, wird die Welt euch nicht mehr zu Tode erschrecken und in Verzweiflung treiben, vielmehr werdet ihr eine so tiefe Gemeinschaft und Geborgenheit erfahren, dass keine Macht der Welt mehr sie euch nehmen, kein Leid, kein Tod ihr beikommen kann (Röm 8,38f).

b. Die Parabel vom Feigenbaum – Heilung einer Schwerbehinderten

Dieses Gottes-Zeugnis vermittelt auch die erwähnte kleine Parabel vom Feigenbaum. Jeder Israelit versteht: mit dem Feigenbaum, der keine Frucht bringt, ist Israel selbst gemeint (vgl. z.B. Hos 9,10; Jer 8,13). Deshalb speist sich der Dialog zwischen Besitzer und Winzer aus dem hoch emotionalen Selbstgespräch des mit sich ringenden Gottes in Hos 11,1-11, gipfelnd in Gottes ´Umkehr`: sein heißes Herz wendet sich gegen ihn selbst (v 8), er will nicht, wie sein Grimm zuerst wollte, Efraim verderben, sondern – da er Gott ist, kein Mensch – sich seiner erbarmen (v 9). In der lukanischen Parabel setzt der Winzer das Herz gegen den Ausmerzungs-Grimm seines Herrn ein- und durch. Erbarmen aber bedeutet Leben.

So zeugt auch diese kleine Parabel für die Lebens- und Menschen-Liebe Gottes, Israel von Jugend an zugewandt, die auch an dessen Untreue nicht dauerhaft erkalten und sich in Hass umkehren kann.

Die dritte Erzählung (Lk 13,11-17) stellt eine seit achtzehn Jahren aufgrund von Rücken-Krümmung und -Versteifung (vielleicht *Bechterew*sche Krankheit) schwer behinderte Frau vor. Die lange Leidens-Zeit verrät zum einen die Hilflosigkeit ihrer Umgebung, deutet aber auch die seelische Gebrochenheit der Frau an. Weder bringt einer der Frommen sie mit Jesus in Kontakt, noch ergreift sie selbst die Initiative. So hilflos ist die Frau, sind die Mitmenschen, dass Jesus selbst, von Erbarmen bewegt (s. Lk 7,13; 10,34), sie anruft. Der Frau wird also *Berufung* zuteil, und diese gilt der Frau in ihrer Unansehnlichkeit und Schwäche. Schon damit und mit der Anrede „Frau" beginnt ihre Aufrichtung. Sie wird vollendet durch Handauflegung und Zuspruch: „Sei erlöst von deiner Schwäche!"

Die Passiv-Form des Zuspruchs weist, wie so oft, auf Gott und seine Tat, wie auch das Adverb „sogleich", das die Kontrast-Wirkung göttlichen Erbarmens zu der langen Leidenszeit und menschlichen Hilflosigkeit hervorhebt. Obschon ihr *Jesus* die Hände auflegt und Heilung zuspricht, preist die geheilte Frau *Gott* (v 13). Der Gott Israels ist ja *Rafa-El,* der sich heilend Jesu als Werkzeug bedient. Aus Verlorenheit erlöst, kehrt die Frau sich zu Gott als Leben-Spender, wird so, dem Feigenbaum vergleichbar, zum Vor-Bild Israels (v 16: „Tochter Abrahams").

Man beachte, dass – anders als in den vorigen Abschnitten – die Frage nach der ´Schuld` der Frau hier nicht auftaucht, geschweige denn empörte Fragen, wie Gott ´so etwas` – die schwere Behinderung samt der daraus erwachsenen sozialen Isolierung der Frau – zulassen könne, warum er es nicht verhindere oder, tritt es ein, nicht alsbald aus der Welt schaffe, gestellt werden. Der Frau, dem „ganzen Volk" (v 17) ist klar: hier engagiert sich Gott – mittels Jesus – zu Heilung und Heil. Der Synagogen-Vorsteher aber, der glaubt, Gott habe, am Sabbat, einen Vorbehalt gegen Heilung und Leben, wird von Jesus „beschämt".

Das Neue Testament stellt kein Theodizee-Problem auf, es überholt dieses im Ansatz durch das vielstimmige Zeugnis von Dem, der *da* ist und sich als da *erweisen wird*, der sich in Jesus [68] letzt-gültig zeigt und verbürgt als der Leben und Menschen helfend Zugewandte.

---

[68] Der Name *Jesus* (hebr ישועה, jᵉšuʻah) bedeutet „Hilfe, Heil"

c. Wird ein Sünder mit Blindheit ´geschlagen` ?

Der Perspektiv-Wechsel wird erneut erkennbar in der Heilung des Blindgeborenen (Joh 9,1-11). Hier sehen sich Jesus und Jünger einem Manne gegenüber, dessen Leiden – Blindheit – ihn nicht erst seit Jahren, sondern schon seit Geburt begleitet.

Es wird von ihm selbst als so *fatal* eingeschätzt, dass überhaupt nur Gott oder sein authentischer Diener es heilen konnte (9,32f). Zwar wird die genaue Ursache des Leidens, wie in der Bibel häufig, medizinisch nicht näher bestimmt. Doch hat solch angeborene Behinderung (zB defekter Seh-Apparat, defekte Auge-Gehirn-Verbindung) auch im 21. Jahrhundert wenig Chancen auf Heilung. Der Text ist so angelegt, dass er nicht nur vordergründig, sondern auch hintergründig zu lesen ist.

Blindheit als *konstitutive* Behinderung gehört, wie erwähnt, für die Bibel zu den typischen Kennzeichen menschlicher Unheils-Verfassung (Jes 35,5f; Joh 1,4; Lk 1,79; Mt 4,16). Menschen, an solch schicksalhafter Behinderung leidend, gilt die Verheißung des Heils (Jes 35, 4; 42,16; 61,1).

Wie schon erwähnt, macht Blindheit in den großen Fragen nach Leben, Wahrheit, Leid, Tod, Gerechtigkeit, Sinn und Gott das natürliche Schicksal des Menschen aus, der sich auf natürliches Urteil, eigene Meinung, forschenden Verstand des *homo sapiens* allein verlässt, *es sei denn*, Gott selbst löse ihn von dieser Blindheit. Es ist nicht nur jüdische Vergeltungs-Lehre, sondern archaische Denk-Gewohnheit, welche die Jünger bei so schwer betroffenen Menschen fragen lässt: ´Womit hat er das verdient?` ´Was hat er, haben seine Eltern verbrochen, dass Gott ihn (sie) so hart straft?` Denken, das solche Vermutungen anstellt oder Überzeugungen äußert, ist verbreitet.

Die Pharisäer stehen den Jüngern nicht nach: „Du bist ganz in Sünden geboren"! (wessen Sünden auch immer), erklären sie dem von Blindheit Geheilten (Joh 9,34). Archaisches Denken lebt in unserer Zeit wieder auf z.B. in Anschauungen, die eine karmisch begründete Wiedergeburt propagieren und sich dafür unter anderem auf diesen Text berufen.[69]

Nicht wenige folgern, Mitleid mit Behinderten sei fehl am Platze, man solle diesen Menschen die Chance *belassen* (statt sie ihnen zu nehmen), ihr schlechtes Karma aufzuarbeiten. Auch die Jünger bewegen sich auf dieser Spur: sie geben sich mit dem Blindgeborenen nur *theoretisch* ab. Sie sind betroffen, aber als Zuschauer. Auf die oft gestellte Frage „Wie kann Gott so viel Leid zulassen?" oder „Wie kommt es, dass jemand von Geburt an mit Blindheit geschlagen (!) ist?", haben sie eine eindeutige Antwort parat: es müsse schwere Sünde vorliegen, entweder von ihm selbst oder seinen Eltern. Leiden sei, mit anderen Worten, ´verdient`.

Jesus lässt sich auf dieses Denken nicht ein (v 3), nötigt die Jünger, die Blickrichtung zu ändern: „vielmehr soll Gottes Tun an ihm offenbar werden". Er dreht die Frage um: Die Behinderung/die Blindheit eignet sich dazu (ist dafür gut), Gottes Großtaten sichtbar zu machen! Fragt nicht, woher sie kommt! Seht sie als Chance und Möglichkeit, dass Gott darin, daran offenbar wird! Das ist ihr Sinn.

Die vv 4-5 bringen weitere Klärung. „Wir müssen die Werke dessen wirken, der mich gesandt hat ..."

„Werke" (griech. *erga*) sind im griechischen Alten Testament zusammenfassender Ausdruck für Schöpfungs-Taten oder -Werke Gottes (Gen 2,2f.). Sie werden erläutert: „Mein Vater wirkt bis jetzt, auch ich wirke" (Joh 5,17.19ff.36 - LÜ).

---

[69] Zum Beispiel bei *Dethlefsen*, 248

Mit Blick auf Gottes Schöpfer-Handeln („Werke") kann man das mit „wirken" übersetzte Wort (*ergázesthai*) auch wiedergeben mit „schaffen": *Mein Vater schafft (ist als Schöpfer tätig) bis jetzt, und auch ich schaffe* ! Das heißt, die Blinden-Heilung, die folgt (Joh 9,6-7), ist als Schöpfer-Tat Gottes hier und jetzt, durch Jesus, zu verstehen. Gott schafft Welt und Menschen nicht bloß in mythischer Vorzeit, vielmehr ist Er schöpferisch *da aktuell* in Raum und Zeit.

„Die Werke dessen, der mich gesandt hat" (LÜ = EÜ). Mit einem ebenso geläufigen Wort kann man auch übersetzen: „der mich *geschickt* hat". Jesus ist nicht nur autoritativer Sendbote („Apostel": Hebr 3,1) Gottes.

Als der vom Vater Geschickte ist Jesus auch väterliches Ge*schick* und *Schick*sal für Menschen in ihrer Not.[70] Kein „unerforschlicher Ratschluss", kein anonymes Schicksal, vor dem Menschen kapitulieren müssen, verbirgt sich hinter Leben und Welt. Vielmehr offenbart sich eine das Leben liebende, Menschen freundliche Güte, die schon die späte Prophetie wie eine Grund-Melodie durchzieht: „Tröstet, tröstet mein Volk! ... Fürchte dich nicht! Ich bin mit dir! ... Bis ihr grau werdet, will Ich euch tragen ... Ich werde euch schleppen und retten"! (Jes 40,1; 43,5; 46,4). Der Sinn der Episode wird für den Evangelisten noch im Namen des Teiches offenkundig: er übersetzt *Schiloach* mit „Geschickter" (*apestalménos*: v 7), deutet damit nochmals auf Jesus als *die* Quelle für Wasser des Lebens (vgl.

---

[70] Es handelt sich nicht um einen Wort-Kniff. Die griechische Sprache (*moira, heimarméne*) denkt *Schicksal* von der Zu-Teilung, vom Los her. Auch das Deutsche *kennt* die Sprechweise ´mein Teil`, ´mein Los`. Das deutsche Wort *Schicksal/Schickung* meint ursprünglich (mhd) *Anordnung, Verfügung, Bewirkung*. Diese Bedeutung steht der biblischen Denkweise nahe: so wird z.B. Jesaja vom Herrn zu Juda *geschickt* (6,8) und wird so, gemäß Ja oder Nein der Hörer, zu Gottes Schicksal für Jerusalem. Der Prophet soll die Sehenden blind machen (v 10), doch dem „Rest", der im Finstern lebt, das Sehen eines hellen Lichtes ansagen (9,1), dazu die göttliche „Schickung" eines Retters (19,20)

4,10.14: 7,37f). Im tiefsten Sinne *sehend* wird der Blinde also nicht schon durch den irdischen, sondern den österlichen Jesus (Joh 2,19ff).

Für das Johannes-Evangelium ist erst der von den Toten Auferweckte das gütige Geschick des Vaters im Vollsinn des Wortes.

Darin, wie auch schon in Jesu früheren Heilungstaten, soll offenbar werden: Gott selbst ist, zuletzt in Jesus (und in denen, die er zu Jüngern beruft), zur Gut-Machung der Schöpfung unterwegs und am Werk.

Doch begegnet er hier der Eigengesetzlichkeit und Eigenständigkeit der Schöpfung, die Gott „respektiert" (wie oft gesagt wird), weil nur so das Geschöpf *es selbst* ist und selbst wirkt, nicht bloß eine Attrappe, in der sich Gott quasi ´versteckt`.

14. Die „Kopernikanische Wende" in der Furcht vor dem Schicksal

Nicht wenige Menschen (darunter Philosophen, Theologen) erklären das *Leiden* als solches als in sich schlecht und sinnlos und haben deswegen Probleme mit Gott, weil er Leiden zulasse, es nicht verhindere, sondern gar – als Schöpfer – daran mitwirke.

Ein Christ wird dieser verbreiteten Position nicht ohne weiteres zustimmen, wenn er sich an ein bedeutsames Wort über das Leiden Christi erinnert: „Obwohl er Sohn ist, lernte er den Glaubensgehorsam infolge seiner Leidenserfahrungen" (Hebr 5,8 – eig. Ü).

Obige Auffassung scheint sich aus einer Verkürzung der Perspektive zu ergeben.

a. Schicksal als Anruf

Der Psychiater und Logotherapeut *Viktor Frankl* berichtet, wie er 1942 nach Theresienstadt, Auschwitz, schließlich Türkheim (Dachau) transportiert wurde, aber anders als die meisten Mithäftlinge überlebte. Seine schon zuvor gewonnene Lebens- und Welt-Sicht erprobte und verfeinerte er dort. Eine der Grundeinsichten nennt er selbst „eine Art kopernikanische Wende",
„*dass wir nicht mehr einfach nach dem Sinn des Lebens fragen, sondern dass wir uns selbst als die Befragten erleben, als diejenigen, an die das Leben täglich und stündlich Fragen stellt – Fragen, die wir zu beantworten haben, indem wir nicht durch ein Grübeln oder Reden, sondern nur durch ein Handeln, ein richtiges Verhalten, die rechte Antwort geben*". Es gehe um die „*Erfüllung der Forderung der Stunde*".

In dieser Forderung und deren Erfüllung liege der Sinn des Daseins, der von Mensch zu Mensch, von einem Augenblick zum nächsten wechsle.

Daher gebe es keine allgemeine Antwort auf die Sinn-Frage, weil das Leben konkret sei und so „auch die Forderungen des Lebens an uns jeweils ganz konkrete" seien. So wie kein Mensch, sei auch kein Schicksal mit dem anderen vergleichbar, das „für jeden ein einmaliges und einzigartiges ist". In jeder Situation sei ein Mensch zu einem anderen Verhalten aufgerufen: einmal fordere die konkrete Situation von ihm, zu handeln, „sein Schicksal also tätig zu gestalten", dann wieder, eine Gelegenheit zu nützen (etwas zu erleben oder zu genießen), wieder ein anderes Mal, „dass er das Schicksal schlicht auf sich nehme". Wie jede Lebens-Situation einmalig sei, so auch die Antwort, die sie verlangt. Wenn das konkrete Schicksal ein Leid ist, enthalte auch dieses eine Aufgabe, „ebenfalls eine ganz einmalige Aufgabe". Jeder Mensch müsse sich zu dem Bewusstsein durchringen, „dass er mit diesem leidvollen Schicksal sozusagen im ganzen Kosmos einmalig und einzigartig dasteht" (es also nicht, wie meist im abendländischen Denken, aufgehoben ist im Sinn des ´Ganzen`). Daher gelte: „Darin aber, wie er selbst, der von diesem Schicksal Betroffene, dieses Leid trägt, darin liegt auch die einmalige Möglichkeit zu einer einzigartigen Leistung". Diese Gedanken, so Frankl, hätten auch dann, wenn Überleben aussichtslos schien, vor der Verzweiflung bewahrt.[71] Das allzeit bedrohlich-erniedrigende, früher oder später mit der Hinrichtung endende Leben im KZ (ein „Provisorium ohne Termin") halte trotz allem wichtige Lerninhalte bereit: Auch wenn es nur eine kleine Anzahl Schicksalsgenossen gewesen sei, hätten sie doch bezeugt und bewiesen,

„dass man den Menschen im Konzentrationslager alles nehmen kann, nur nicht: die letzte menschliche Freiheit, sich zu den gegebenen Verhältnissen so oder so einzustellen.

---

[71] *Frankl*, 125f

Und es gab ein ´So oder so`! Und jeder Tag und jede Stunde im Lager gab tausendfältige Gelegenheit, diese innere Entscheidung zu vollziehen, die eine Entscheidung des Menschen für oder gegen den Verfall an jene Mächte der Umwelt darstellt, die dem Menschen sein Eigentliches zu rauben drohen – seine innere Freiheit – und die ihn dazu verführen, unter Verzicht auf Freiheit und Würde zum bloßen Spielball und Objekt der äußeren Bedingungen zu werden ... Die geistige Freiheit des Menschen, die man ihm bis zum letzten Atemzug nicht nehmen kann, lässt ihn auch noch bis zum letzten Atemzug Gelegenheit finden, sein Leben sinnvoll zu gestalten", sogar im KZ, in Todesnähe, *„in der Weise, in der sich der Mensch zu dieser äußerlich erzwungenen Einschränkung seines Daseins einstellt"*

Selbst im KZ ist Zukunft noch vorhanden und lebendig, sie lässt sich nicht hinmorden – das KZ wird zum Gleichnis für das Leben unter der Macht des Ungeheuerlichen, der Finsternis. Auch in schwierigsten Situationen, bis zur letzten Minute tue sich eine Fülle von Möglichkeiten auf, Leben sinnvoll zu gestalten.[72] Frankl zitiert *Nietzsches* Wort: „Wer ein Warum zum Leben hat, erträgt fast jedes Wie". Kameraden, die an Selbstmord dachten, weil sie vermeintlich vom Leben nichts mehr zu erwarten hatten, habe er gesagt, „dass das Leben von ihnen etwas erwarte, dass etwas im Leben, in der Zukunft auf sie warte"; sie hätten also Verantwortung für ihr Leben, gegenüber ihrem Leben. Seine eigene Aussicht zu überleben habe er mit etwa fünf Prozent eingeschätzt und dies den anderen auch gesagt:

„Ich sagte ihnen auch, dass ich ... trotzdem nicht daran dächte, die Hoffnung aufzugeben und die Flinte ins Korn zu werfen. Denn kein Mensch wisse die Zukunft, kein Mensch wisse, was ihm vielleicht schon die nächste Stunde bringe ... wer könnte es besser wissen als wir mit unserer Lager-Erfahrung, dass sich oft plötzlich irgendeine große Chance

---

[72] *Frankl,* 108ff

ergibt, zumindest für den einzelnen ... Auf jeden von uns,
sagte ich ihnen, sehe in diesen schweren Stunden und erst
recht in der für viele von uns nahenden letzten Stunde
irgend jemand mit forderndem Blick herab, ein Freund oder
eine Frau, ein Lebender oder ein Toter – oder ein Gott. Und
er erwarte von uns, dass wir ihn nicht enttäuschen und dass
wir nicht armselig, sondern stolz zu leiden und zu sterben
verstehen".[73]

Stacheldraht und Lagerwache könnten den Blick ins
Offene, in die Tiefe oder Höhe oder ins Innerste nicht
dauerhaft verstellen. Frankl illustriert es an einer jungen
todkranken Frau. Sie sei, gesteht sie, früher verwöhnt
gewesen, jetzt aber sei sie ihrem Schicksal „dankbar
dafür, dass es mich so hart getroffen hat".

Mit einem blühenden Kastanienbaum vor dem Fenster
ihrer Baracke – „der einzige Freund in meinen Einsam-
keiten" – spreche sie öfter. In der Erwartung, ein Stück
Halluzination oder Delirium zu hören, beugt sich Frankl
zu ihr und fragt, ob der Baum antworte. Sie erwidert: „Er
hat mir gesagt: Ich bin da – ich – bin – da – ich bin das
Leben, das ewige Leben".[74]

Tage nach der Befreiung, sagt Frankl, sei er über das
weite, offene Land gegangen, bis er irgendwo nieder
gekniet sei:

„Du weißt in diesem Augenblick nicht viel von dir und nicht
viel von der Welt, du hörst in dir nur den einen Satz, und
immer wieder denselben Satz: Aus der Enge rief ich den
Herrn, und er antwortete mir im freien Raum".[75]

b. Schicksal ist, „wohin Gott mich schickt"

Eine jüdische Schicksalsgenossin lebte und praktizierte
aus eigenem Antrieb vieles von dem, was *Frankl*

---

[73] *Frankl*, 128f. 132f
[74] *Frankl*, 113
[75] *Frankl*, 143 (Ps 118,5)

beschreibt, während gut zwei Jahren, ehe sie nach Auschwitz deportiert und umgebracht wurde. *Etty Hillesum*, eine junge Amsterdamerin, führte zwischen 1941 und 1943 Tagebuch. Als das Leben unter der deutschen Besatzung bedrohlich wird, hofft sie – kaum religiös unterrichtet – zunächst auf ein Eingreifen Gottes. Doch als die Lage kritischer wird, setzt bei ihr ein Umdenken ein:

„Ich bin zu allem bereit, ich gehe an jeden Ort dieser Erde, wohin Gott mich schickt, und ich bin bereit, in jeder Situation und bis in den Tod Zeugnis davon abzulegen, dass das Leben schön und sinnvoll ist und dass es nicht Gottes Schuld ist, dass alles so gekommen ist, sondern die unsere ... Das eine Mal ist es ein Hitler, ein andermal meinetwegen ein Iwan der Schreckliche, einmal ist es Resignation, ein andermal sind es Kriege, Pest, Erdbeben oder Hungersnot. Entscheidend ist letzten Endes, wie man das Leiden, das in diesem Leben eine wesentliche Rolle spielt, trägt und erträgt und innerlich verarbeitet und dass man einen Teil seiner Seele unverletzt über alles hinweg rettet“.[76]

In einer rührenden Wendung folgert Etty: „Wenn Gott *mir* nicht weiterhilft, dann muss ich Gott helfen"(144). Gott? Etty findet zum Beten – „immer für andere" –, führt dabei „einen verrückten oder kindlichen oder todernsten Dialog mit dem, was in mir das Allertiefste ist und das ich der Einfachheit halber als Gott bezeichne" (154). Langsam bildet sich in ihr eine Überzegung, die sie so notiert:

„Dies eine wird mir immer deutlicher, dass du uns nicht helfen kannst, sondern dass wir dir helfen müssen, und dadurch helfen wir uns letzten Endes selbst. Es ist das einzige, auf das es ankommt: ein Stück von dir in uns selbst zu retten, Gott. Und vielleicht können wir mithelfen, dich in den gequälten Herzen der anderen Menschen auferstehen zu

---

[76]   *Hillesum*, 141ff

lassen. Ja, mein Gott, an den Umständen scheinst auch du nicht viel ändern zu können, sie gehören nun mal zu diesem Leben. Ich fordere keine Rechenschaft von dir, du wirst uns später zur Rechenschaft ziehen. Und mit fast jedem Herzschlag wird mir klarer, dass du uns nicht helfen kannst, sondern dass wir dir helfen müssen und deinen Wohnsitz in unserem Inneren bis zum Letzten verteidigen müssen".[77]

Frankls „kopernikanische Wende", die Überzeugung, dass jeder Mensch täglich und stündlich ein vom Leben Befragter und Angeforderter, zu ureigener Antwort Aufgeforderter ist, realisiert Etty Tag um Tag – vor Freunden und Leidensgenossen, auch vor Gott. Davon zeugt ihr Tagebuch:

„Als die Sorgen mich wieder überfielen und kein Ende nehmen wollten, sagte ich zu mir: wenn du schon behauptest, an Gott zu glauben, dann musst du konsequent sein, du musst dich ihm ganz überlassen und ihm vertrauen. Aber dann darfst du dir auch keine Sorgen über den nächsten Tag machen" (ebd 158).

„Der gestrige Tag hat mir wieder viel Mut gegeben. Ich habe aus ihm gelernt, wie Gott meine Kräfte immer wieder erneuert" (166).

Ringend mit sich selbst entdeckt sie wichtige Unterscheidungen: die ängstigend-lähmende *Vorstellung* vom Leiden, „die kein echtes ´Leiden` ist", unterscheiden vom Leiden selbst, das „fruchtbar" ist und „das Leben zu etwas Kostbarem machen" kann, freilich unter Voraussetzung der „schwersten" Lektion: „jenes Leiden auf mich zu nehmen, das du [Gott] mir auferlegst, und nicht das, was ich mir selber ausgesucht habe" (195). Über die Aktiv-Leistung des Leidenden schreibt Etty:

„Man muss jeden Augenblick seines Lebens dazu bereit sein, sein ganzes Leben zu ändern und es an einem anderen Ort völlig neu zu beginnen" (164), und: *„Ich nehme alles aus deinen Händen hin, mein Gott, wie es kommt. Ich weiß,*

---

[77]   *Hillesum*, 149

dass es immer gut ist. Ich habe erfahren, dass man alles Schwere in Gutes verwandeln kann, indem man es trägt" (171).

Immer deutlicher tut sich neben der Außenperspektive des Leidens, das sie nur knapp berichtet, dessen für Etty entscheidende Innen-Perspektive auf: ihr persönliches Schicksal im Schicksal. Sie zieht sich vor der tödlichen Drohung, die sie als Jüdin trifft, nicht resignierend in ihre Seelenkammer zurück, sondern möchte Einsichten, die sie in und für sich gewann, mit den Leidensgenossen teilen. Hellsichtig vertraute sie ihrem Tagebuch an:

„Wenn Gott der Ansicht ist, dass mir noch viel zu tun bleibt, nun, dann werde ich dieses tun, nachdem ich alles durchgestanden habe, was die anderen auch durchstehen müssen. Und ob ich ein wertvoller Mensch bin, wird sich daran zeigen, wie ich mich unter den veränderten Bedingungen verhalten werde. Und auch wenn ich nicht überlebe, wird die Art, wie ich sterbe, den Ausschlag geben, wie ich wirklich bin".[78] In diesem Sinne bittet sie Gott, er möge sie *„das denkende Herz dieser Baracke ... eines ganzen Konzentrationslagers sein"* lassen (200).

Diese Gedanken und Einsichten entstanden (wie jede Seite des Tagebuchs bezeugt) in ständiger Konfrontation mit den Maßnahmen der Besatzer, in Kontakt mit betroffenen Freunden und Bekannten. Sie sind Ettys persönlichste Antwort auf die wechselnden Konstellationen und Probleme dieser geschichtlich einmaligen Situation: Je länger sie währt, je mehr fühlt sie sich persönlich angegangen, befragt, gefordert, eine ganze, *Sein oder Nichtsein* ins Auge fassende Antwort zu finden. Dabei wird ihr immer klarer: *Gott* macht das „Allertiefste" ihrer Persönlichkeit zum Organ seines Rufes, *er* ruft sie, auch vor den in Angst versetzenden Bedrängnissen und Schrecken, zu persönlicher Verantwortung, „Rechenschaft" (ein von ihr verwandtes Wort).

---

[78] *Hillesum*, 148

Bei *Frankl*, wie bei *Hillesum* gewinnt man den Eindruck, der Begriff „Gott" entstehe, bilde sich auf dem Grund der Seele in Resonanz auf die Ereignisse, als habe er dort geschlummert, sei durch die Geschehnisse und Personen aufgeweckt, dann mit Leben und Gehalt gefüllt worden. Dabei gehen sie innerlich mit Gefahren, Bedrängnissen und Bedrängern um wie mit Worten und verständlichen Sätzen, als enthielten sie eine speziell für sie selbst lesbare Botschaft, eine für sie selbst hörbare An-Sprache, letztlich von Gott her. Beiden hilft offenbar der Begriff „Gott" auch, ihr fühlendes und denkendes Selbst in den sich steigernden, lebensgefährlichen Turbulenzen zu bewahren, an ihnen zu stärken, und, je länger je mehr, als ihre letztlich unangreifbare *Transzendenz* über das System und seine Vernichtungs-Strategie zu gewahren. Das sich bewahrt, gestärkt erfahrende, zuletzt über den Tod (!) erhobene Selbst („Herz") *antwortet* auf das Erfahrene *dankbar,* wie Empfänger und Beschenkte tun. Adressat des Dankes aber ist wieder Gott. In der Innen-Perspektive ereignet sich also Erfahrung von *Beziehung* und *Dialog.*

Der Sinngehalt der Zeugnisse von *Frankl* und *Hillesum,* auf je ihre Weise Zeugen der Konzentrationslager, lässt sich unschwer in der Sprache der Bibel, ihrer Botschaft wiedergeben: *Leben aus Tod, Leben trotz Tod* !

Zum ganzen Zeugnis beider Persönlichkeiten gehört als wesentliches Moment die innere Geschichte und das innere *Geschick. Hillesum* spricht es aus, wo sie im inneren Dialog mit Gott ihre *Bereitschaft erfährt,* an jeden Ort der Erde zu gehen, „wohin Gott mich *schickt".* Sie unterscheidet äußeres und inneres Schicksal. Das Motiv ist nicht von Anfang da, doch zunehmend erwähnt sie Gottes „Pläne", das, was er mit ihr „vorhabe".

Ihren *Auftrag*, ihre *Sendung* erkennt sie schließlich *dialogisch* darin, „dich [Gott] in den Herzen anderer Menschen zu erwecken" (141.149.170). Am Ende kann sie ihrem frühen Tod abgewinnen, dass durch ihn „ein bisschen mehr Liebe in die Welt gekommen" sei. Sie will nur noch „das denkende Herz" der Mitgefangenen in der KZ-Baracke sein (192.200). Auch *Frankl* entdeckt im KZ neu und vertieft seine Berufung zu „ärztlicher Seelsorge" unter den Leidensgenossen, bemüht, ihnen ihre *Verantwortung* und die vielen Möglichkeiten bewusst zu machen, ihrem reduzierten, gequälten Dasein *Sinn* zu geben, selbst im erzwungenem Opfer des eigenen Lebens – der äußerlichen Sinnlosigkeit zum Trotz (a.a.O. 131ff).

c. *Die Fragen Warum? und Wozu?*

Die letzten Zeugnisse sind eigentlich nur – zwar überscharfe, jedoch lehrreiche – Variationen dessen, was jedem Menschenleben in seinem letzten Grund zufällt. Jeder Mensch realisiert, sobald er tief genug über sich nachdenkt, dass er ungefragt, ohne Angabe von Gründen noch von Sinn oder Zweck ins Dasein gesetzt wurde. Vom ersten Atemzug an kann er nicht anders, als sein Dasein zu realisieren mit Hilfe des natürlichen Antriebs sowie der nächsten Bezugspersonen. Bevor er radikal fragen und denken kann, ist er schon – ohne sein ausdrückliches Einverständnis – zu einem (biologisch-elementarpsychologisch) vollwertigen Individuum herangewachsen. Erst wenn er in jenem Alter, das man „mündig" nennt, anfängt, über Berufe, Jobs und Wege dahin nachzudenken, keimt – in individuell unterschiedlicher Intensität – die Grundfrage nach Sinn und Zweck seines Lebens auf. Sie verschärft sich mit den Jahren im Zuge von Begegnungen, Erfahrungen und Katastrophen.

Ehe er den eigenen Willen spürte und kennenlernte, hatte er, ohne es zu wollen, entscheidende Schritte ins Leben getan und Schwierigkeiten durchgestanden – nicht ohne die Stütze von Angehörigen und Altersgenossen. Mit zunehmender Selbständigkeit kraft eigener Einsicht und eigenen Willens aber wird ihm der Lebensgang immer deutlicher zur Frage. Während sein kindliches Dasein von anderen – stellvertretend – bejaht wurde, sieht er sich nun in wachsendem Maße vor der Aufgabe und Frage, sein eigenes Ja zu geben. Solange sich die wichtigsten Wünsche erfüllen, empfindet er darin kein ernsthaftes Problem. Sobald er aber Ziele nicht erreicht, Erfolge verwehrt werden, die unfertige Persönlichkeit Kritik auf sich zieht, der Lebensweg, statt eben und geradlinig zu verlaufen, durch höhere Macht oder Kraft gekrümmt wird, Verluste sich einstellen, gar ein „sinnloses" Unglück einen schmerzhaften Strich durch die Lebens-rechnung macht, wird das früher fraglos erteilte, auch jetzt von ihm erfragte Ja zu seinem Leben ein tiefes Problem. Ist ihm klar geworden, dass Grenzen und Widerstände, die sein Leben belasten, sein Gemüt bedrücken, *mehr* sind als eine zeitweilige Pechsträhne, die wieder abziehen wird wie eine Gewitterwolke, steht vor ihm in voller Größe die Frage *Warum und Wozu*?

Er kann die Frage, die ihn nicht mehr verlassen wird, niederhalten und, à la *Voltaire* allergisch gegen jede Spekulation, damit fortfahren, sich um seinen Garten zu mühen, bis er die Station erreicht, wo er aussteigen muss und „wo mich, wie ich genau weiß, niemand erwartet" (*Sartre*).

Er kann sich aber auch, unter allen heutigen Sinnan-geboten, der christlichen Glaubens-Botschaft zuwenden. Darin begegnet er Grundsätzen wie „Wer die Wahrheit tut, kommt zum Licht" (Joh 3,21), oder „Wer liebt, ist aus

Gott geboren und erkennt Gott" (1Joh 4,7), oder „Wer an seinem Leben hängt, verliert es, wer aber sein Leben in dieser Welt gering schätzt, wird es ins ewige Leben bewahren" (Joh 12,25), oder „So sehr hat Gott die Welt geliebt, dass er seinen einzigen Sohn hingab, damit jeder, der auf ihn glaubend vertraut, nicht verloren gehe, sondern unvergängliches Leben erhalte" (Joh 3,16).

Niemand kann behaupten, dass diese Sätze – Grund-Sätze des Evangeliums – leicht zu verstehen sind. Aber sie werden, wenn erst die Lebensgeschichte das Ganze des Daseins mit seinem ungelösten Woher und Wohin vor den Blick bringt, sich dem älteren Menschen zugänglicher zeigen als einem jungen. Erfahrungen haben ihn ein Stück weit ´präpariert` für ein Verständnis dieser Grund-Sätze. Es lässt ahnen, dass Klarheit über den Sinn seines Daseins und seiner Erfahrungen weniger in *Theorie*-Form gewonnen wird als vielmehr auf dem Weg des Vertrauens, der Hingabe, einer sich selbst überschreitenden *Praxis*. Wer sich den Grundworten, die ihn dazu einladen oder auffordern, öffnet und sie, Wegstück um Wegstück, in sein Leben [79] praktisch umsetzt, wird allmählich eine tröstende Gewissheit empfangen. Die Gewissheit, dass sein Dasein, das er anfangs ungewollt übernehmen musste, von einem unfassbar großen Liebeswillen in die Welt gesetzt wurde, der es durch die Höhen und Tiefen trägt und geleitet (wie ein „Hirt") und sich ihm, durch sie hindurch, erst schattenhaft, dann in zunehmend deutlicheren Konturen zu erkennen gibt. Nichts anderes aber will dieser große Liebeswille von ihm, als dass er sich in ihn einschwinge, sich von ihm mitnehmen lasse in ein selig-unfassliches Sich-Verströmen (tiefster *Sinn* seines Lebens), bis er fortgetragen wird in die Nacht

---

[79] Gemeint ist der meist kleine, eigene Lebensumkreis mit den hier lebenden Mitmenschen (Familie, Nachbarschaft, Arbeitsplatz) und den – tägliches Sich-Aufraffen verlangenden – banalen und ermüdenden Aufgaben und Pflichten.

der sich un-endlich weitenden Hingabe.

Aber sind nicht die vielen Schmerzen, die Leiden dieser Welt „der Fels des Atheismus"? Zieht nicht ein schwermütig Glaubender wie der Dichter *Reinhold Schneider* kurz vor seinem Tod diese Bilanz:

„Die grausigen ..., die unergründlichen Möglichkeiten der Quälerei, die in unserer Physis angelegt sind, überfordern nachgerade meinen ärmlichen Glauben" ? [80]

Schmerzen haben, wie wir wissen, unentbehrliche Alarmfunktion. Sie sind aber auch sozusagen die Rückseite der unerbittlich strengen Bindung, des festen Zusammenhalts der geschaffenen Dinge; ihr fester Zusammenhalt hält ihr Eigensein fest und widersteht jeder respektlos-launischen Willkür.

Doch es kommt die Zeit der „Auflösung" und, wie der Gläubige vertraut, des „mit-Christus-seins" (Phil 1,23). Sie ist ist begleitet von qualvollen Schmerzen, die alle fürchten – und doch dankbar zur Kenntnis nehmen, dass die ärztliche Wissenschaft, wie in anderen Bereichen, auch hier einen den Vorfahren noch wenig bekannten Zweig ausgebildet hat: die moderne Schmerz- und Palliativ-Medizin mit ihren weitgehenden, differenzierten Möglichkeiten, die, verantwortlich genützt, ein Stück Segen bilden.

Doch bleiben die Schmerzen der Seele, die des Loslassens und des Abschiedes.

Wer vom christlichen Glauben tiefer berührt wurde, für den kommt kein Abschied ins Nichts; es ist der endgültige Eingang, die vertrauend sich lassende Mitnahme seines Lebenswillens in das Geheimnis der unfassbar großen Liebe, der er, wie alle Geschöpfe, sein Dasein verdankt. Gottes Liebe ist es, die ihn trägt und in die der Mensch sich hineinziehen lässt, durch die sich sein Dasein unterscheidet vom puren Nichts.

---

[80]   Winter in Wien, 210

Zum seelischen Schmerz gehört naturhafte, unwillkürliche Angst (das Kind im Menschen). Sie hat im Leben ihren Sinn, ihre Berechtigung. Der von ihr gequälte Christ kann seine Gemeinschaft mit Christus auch in ihr entdecken: *Er hat in seinen irdischen Tagen mit lautem Schreien und unter Tränen Bitten und Fleh-Rufe vor Den hingetragen, der ihn retten konnte aus dem Tod, und wurde erhört aufgrund seiner Gottes(ehr)furcht; obwohl Sohn, hat er aufgrund seiner Leidenserfahrungen den (Glaubens-) Gehorsam gelernt* (Hebr 5,7f).

Wenn wir die Aussage genau lesen, entdecken wir, dass nicht erst der Moment des Todes, sondern schon die vorausgehenden Lebenstage Jesu für ihn Lern-Zeit, Einübung des Glaubens war.

Der junge Mensch ist mit der Anstrengung befasst, sich selbst zu suchen und zu finden, um überhaupt sein Dasein in der Welt elementar zu behaupten und das Geschäft seines Lebens in Erfolg versprechender Weise anzugehen und nach vorn zu bringen. Die allmählich fühlbar werdende Zunahme von Schicksalsschlägen aber kann ihn bereit machen, das Sich-Lassen einzuüben und zu lernen.

Es geht darum, wie auch *Buddha* lehrte, den Erfolgsgrößen Wissen und Leistung keine Priorität mehr zu geben, vielmehr die egohaften Anhänglichkeiten an dieses vorläufige Dasein zu lösen, um jene innere Freiheit zu erlangen, die – in christlicher Sicht – das Einschwingen und Mitgenommenwerden in den ungeheuren Strom der Gottesliebe ermöglicht, die das letzte Geheimnis der Welt und ihren mystischen Hintergrund bildet.

Dennoch gibt es im asiatischen wie abendländischen Kulturraum die beständige, kaum bewusste Neigung bei religiös Engagierten, den Schatz der Gottesgemeinschaft, quasi eng an sich gepresst, gleichsam zu sich nach Hause tragen zu wollen.

Gemeint ist die Art Menschen, die, schon von Jesus apostrophiert, „das Königreich der Himmel mit Gewalt erbeuten" wollen (Mt 11,12), eine Gewaltsamkeit, die sich raffiniert-unbewusste, sublime, die Selbsttäuschung verbergende Formen schaffen kann.[81] Religiös Engagierte sind unablässig mit der Herausforderung der Art *Jesu* konfrontiert, der sein „Gott-gleich-sein nicht als Beute betrachtete, sondern sich entäußerte in Knechtsgestalt". Dies freilich nicht als aszetische Übung zu Selbstbeherrschung und Selbstvervollkommnung, sondern um das Menschsein und dessen Art auf sich zu nehmen (Phil 2,6f).

Auch in Asien ist das universale Mit-Leiden als tiefster Sinn der Loslösung von allen irdischen Anhänglichkeiten erkannt. Dass aber dieses Sich-Lassen nicht in bloßes Sich-verlieren, Sich-auflösen mündet, bekennt der Christ, wenn er an den letzten Zusammenhalt, an die abgründige Einheit, an den drei-einigen Ursprung und Quellgrund der sich verströmenden Gottesliebe glaubt, in die sich hineinzugeben ihn die Lebensschule lehren will. Sie lehrt ihn, Schicksale zu bestehen, indem er *in* ihnen sein tiefstes *Geschick* wahrzunehmen lernt: sich im Leben und Sterben bereit zu machen für den „Herrn", der „am Abend, um Mitternacht, beim Hahnenschrei oder am Morgen" kommen kann, zu prüfen, ob seine Stellvertreter noch schlafen oder voll erwacht sind (vgl. Mk 13,33-37).

---

[81] Beispiel: „Sagen Sie zu sich selber: ... Es ist nötig, dass ich mich rette, was auch immer es mich kostet. In der Tat, in Sachen Seelenheil muss man auf sicher gehen", statt „sich dem Risiko auszusetzen, seine Ewigkeit zu verlieren!" (Aus einer Kandidaten-Anweisung für einen strengen kath. Orden).

ZITIERTE LITERATUR

Augustinus, A., Confessiones / Bekenntnisse (lat.-dt. München [2]1960)

Augustinus, A., De civitate Dei (Der Gottesstaat) I – II (lat. Darmstadt 1981)

Augustinus, A., De beata vita / Über das Glück (lat.-dt. Stuttgart 1982)

Becker, O., Größe und Grenze der mathematischen Denkweise (Freiburg-München 1959)

Beethoven, L. van, Tagebuch 1812 – 1818 (Hg. *M. Solomon,* Bonn 2005)

Bischofberger, E., Voraussetzungen des Glaubens – Zur Fundamentalethik J.H. Newmans (Mainz 1974)

Biser, E., Der Helfer – Eine Vergegenwärtigung Jesu (München 1973)

Biser, E., Glaubensverständnis – Grundriß einer hermeneutischen Fundamentaltheologie (Freiburg/Br. 1975)

Biser, E., Die Entdeckung des Christentums (Freiburg/Br 2000)

Boethius, A.M.S., De consolatione philosophiae / Trost der Philosophie (lt.-dt. München 1981)

Bonaventura, Itinerarium mentis in Deum / Pilgerbuch der Seele zu Gott (lt.-dt. München 1961)

Büchner, G., Dantons Tod (Stuttgart 1967)

Buber, M., Der Glaube der Propheten (Zürich 1950)

Buber, M., Das Dialogische Prinzip (Heidelberg [3]1973)

Camus, A., Fragen der Zeit – Essays (dt. Hamburg 1960)

Camus, A., La peste (Die Pest) (Paris 1967)

Camus, A., Le mythe de Sisyphe (Der Mythos von Sisyphos) (Paris 1996)

Cusanus, s. *Kues v.*

Deissler, A., Biblisch glauben! (Freiburg-Basel-Wien 1982)

Deissler, A., Die Grundbotschaft des Alten Testaments (Freiburg – Basel – Wien 1995 / 2006)

Dethlefsen, T., Schicksal als Chance (München [6]1983)

Ewald, G., Die Physik des Jenseits (Augsburg 1998)

Fischer, K.P., Der Mensch als Geheimnis – Die Anthropologie
K. Rahners (Freiburg-Basel-Wien [2]1975)
Fischer, K.P., Gestillter Sturm – Das Wunder in Geschichte(n),
in: *Bruhin, J./Füssel, K. u.a.* (Hg), Misere und Rettung -
FS N. Klein (Luzern 2007), 147-157
Fischer, K.P., Schicksal in Theologie und Philosophie
(Darmstadt 2008)
Fischer, K.P., Zufall oder Fügung? (Wiesmoor [3]2011)
Frankl, V. E., ... trotzdem Ja zum Leben sagen. Ein Psychologe
erlebt das Konzentrationslager (München 1995)

GEO EPOCHE Nr.16 /2005), Tsunami – Der Tod aus dem
Meer
Goethe, J.W., Dichtung und Wahrheit (Frankfurt/M. 1975)
Guardini, R., Freiheit-Gnade-Schicksal (München 1948)
Guardini, R., Welt und Person (Würzburg 1950)

Härle, W., Dogmatik (Berlin-New York [2]2000)
Hillesum, E., Das denkende Herz (dt. Reinbek 1988)
Hossfeld, F.-L., Wie sprechen die Heiligen Schriften, insbes.
das Alte Testament, von der Vorsehung Gottes?
In: *Schneider/Ullrich,* 72-93
Hume, D., Dialoge über natürliche Religion (dt. Stuttgart 1981)

Jorissen, H., Schöpfung und Heil. Theologiegeschichtliche
Perspektiven zum Vorsehungsglauben nach Thomas von Aquin,
in: *Schneider-Ullrich,* 94-108

Kant, I., Kritik der reinen Vernunft (Hamburg 1993)
Kant, I., Kritik der praktischen Vernunft (Hamburrg 1993)
Kant, I., Über das Mißlingen aller philosophischen Versuche in
der Theodicee : Werke in sechs Bänden,VI (Köln 1995)
Kessler, H., Das Leid in der Welt – ein Schrei nach Gott
(Kevelaer 2007)

Kleist, H.v., Erzählungen (Frankfurt/M. 1997)

Klemens v. Alexandria, Teppiche wissenschaftlicher Darlegungen entspr. der wahren Philosophie, in: Bibliothek der Kirchenväter (Kempten-München 1911-1938)

Knauer, P., Der Glaube kommt vom Hören. Ökum. Fundamentaltheologie (Freiburg-Basel-Wien [6]1991)

Knauer, P., Eine andere Antwort auf das Theodizee-Problem – Was der Glaube für den Umgang mit dem Leid ausmacht, in: Theologie und Philosophie 78 (2003), 193-211

Kreiner, A., Gott und das Leid (Paderborn 1994)

Kues v., N., De docta ignorantia / Die wissende Unwissenheit (lt.-dt. Wien 1964/82)

Lactantius, Vom Zorn Gottes (dt. Bibliothek der Kirchenväter – Kempten – München 1911-1938)

Leibniz, G.W., Confessio philosophi – Ein Dialog (lt.-dt. Frankfurt/M. 1967)

Leibniz, G.W., Discours de Métaphysique / Metaphysische Abhandlung (frz.-dt. Hamburg 1975)

Leibniz, G.W., Fünf Schriften zur Logik und Metaphysik (dt. Stuttgart 1978)

Leibniz, G.W., Theodizee I-II (frz.-dt. Frankfurt/M. 1996)

Leibniz, G.W., Monadologie (frz.-dt. Stuttgart 2008)

Lesch, H. / Zaun, H., Die kürzeste Geschichte allen Lebens (München [4]2011)

Lévinas, E., Ethik und Unendliches. Gespräche mit Philipp Nemo (dt. Wien [3]1996)

Lewis, C.S., Über den Schmerz (dt. Gießen [2]1991)

Luyten, N.A. (Hg), Zufall, Freiheit, Vorsehung (Freiburg/ München 1975)

Metz, J.B. (Hg), „Landschaft aus Schreien" (Mainz 1995)

Muth, R., Einführung in die griechische und römische Religion (Darmstadt [2]1998)

Newman, J.H., Entwurf einer Zustimmungslehre (Grammar of Assent) (dt. Mainz 1961)

Nietzsche, F., Gedichte (Stuttgart 1977)

Pascal, B., Pensées (Gedanken) (Paris 1988)
Pieper, J., Über den Glauben (München 1962)
Preuß, H.D., Theologie des Alten Testaments I-II (Stuttgart 1992)

Rad von, G., Theologie des Alten Testaments II (München [5]1968)
Rahner, K., Hörer des Wortes (München [2]1963)
Rahner, K., Grundkurs des Glaubens (Freiburg-Basel-Wien 1976)
Rahner, K. / Vorgrimler H., Kleines Konzilskompendium (Freiburg-Basel-Wien 1966)
Rahner K. / Vorgrimler, H., Kleines Theologisches Wörterbuch (Freiburg-Basel-Wien [10]1976)
Ricoeur, P., Le mal (Genève 1996)

Sartre, J.P., Die Wörter (Les Mots) (dt. Reinbek bei Hamburg 1965)
Scheffczyk, L., Der christl. Vorsehungsglaube u. die Selbstgesetzlichkeit der Welt, in: *Luyten,* 331-389
Schillebeeckx, E., Christus und die Christen (dt. Freiburg-Basel-Wien 1977)
Schiller, F., Über das Erhabene, in: Werke II (München 1966)
Schneider, R., Winter in Wien (Freiburg-Basel-Wien 1958/1976)
Schneider, Th. / Ullrich, L. (Hg), Vorsehung und Handeln Gottes (Freiburg-Basel-Wien 1988)
Schulte, R., Wie ist Gottes Wirken in Welt und Geschichte theologisch zu verstehen? In: *Schneider/Ullrich,* 116-167
Splett, J., Der Mensch in seiner Freiheit (Mainz 1967)
Splett, J., Der Mensch ist Person (Frankfurt/M. 1978)
Splett, J., Freiheits-Erfahrung – Vergegenwärtigungen christl. Anthropo-Theologie (Frankfurt/M. 1986)
Storm, Th., Gedichte (Frankfurt/M. [6]1989)

Tertullian, Apologeticum / Verteidigung des Christentums (lt.-dt. München [3]1984)
Thomas von Aquin, Summa contra gentiles (Summe wider die Heiden) (Roma 1924)

Thomas von Aquin, Compendium theologiae (dt.-lt. Heidelberg 1963)

Trigo, P., Schöpfung und Geschichte (dt. BThB Düsseldorf 1989)

Voltaire, Candide oder Der Optimismus (dt. München 2005)

Volz, P., Die biblischen Altertümer (Wiesbaden 1989 [1914])

Waldenfels, H., Meditation – Ost und West (Einsiedeln-Zürich-Köln 1975)

Weizsäcker, C.F. v., Die Tragweite der Wissenschaft (Stuttgart [6]1990)

Westermann, C., Genesis I [Kap.1-11]   (Neukirchen-Vluyn [3]1983)

Zenger, E., Die Mitte der alttestamentl. Glaubensgeschichte, in: Katechet. Blätter 101 (1976), 3-16

Zenger, E., Leiden – Biblische Perspektiven, in: *Böckle* u.a. (Hg), Christl. Glaube in moderner Gesellschaft Nr. 10 (Freiburg-Basel-Wien 1980), 27-36

Zimmerli, W., Grundriß der alttestamentlichen Theologie (Stuttgart [4]1982)

Zumbroich, W., Mythos und Chaos (Stuttgart 2003)

ZUM AUTOR

Klaus P. Fischer, geboren 1941 in Stuttgart, studierte Klassische Philologie bei *W. Schadewaldt, W. Jens* (Tübingen) und *R. Muth* (Innsbruck), Philosophie und Theologie u. a. bei *H. Küng, W. Schulz, R. Schaeffler* in Tübingen, *E. Coreth, K. Rahner, J.A. Jungmann* in Innsbruck, *P. Henry, H. Bouillard* in Paris, *O. Semmelroth, B. Schüller* in Frankfurt/M. Beraten u.a. von *K. Lehmann* (dem heutigen Kardinal), promovierte er 1973 bei *H. Bouillard* in Paris mit einer Arbeit über die Theologie *K. Rahners.*

Er engagierte sich jahrzehntelang in Religionspädagogik, Gemeinde-, Jugend- und Patienten-Pastoral sowie in religiöser Rundfunkarbeit (Südd. Rundfunk).

Derzeit Lehrbeauftragter für Theologie an der Universität Heidelberg, dazu Kurse in religiöser Erwachsenenbildung.

Schwerpunkte seines Bemühens sind von Anfang an die Hinführung zum christlichen Glauben wie auch die Lebenshilfe aus dem Glauben. Dafür waren und sind ihm die Biblische Theologie (dankbar und vielfach gestützt auf das in Vorträgen verbreitete und in einigen Manuskripten erhaltene Lebenswerk von *H. Seifermann*, München), ignatianische und oratorianische Spiritualität wichtige Quellen.
Für die letztgenannten sowie für den Geist des 2. Vatikanischen Konzils stand und steht er in fruchtbarem Austausch mit dem langjährigen Erfurter Theologen S. Hübner (jetzt Berggießhübel).

Veröffentlichungen in Buchform

* Der Mensch als Geheimnis.
  Die Anthropologie Karl Rahners (1975)

* Den Klugen verborgen, den Suchenden enthüllt (1976)

* Zufall oder Fügung (1977 + 2010)

* Die Sache mit dem Teufel – Teufelsglaube und Besessenheit zwischen Wahn und Wirklichkeit (1980 – zus. mit H. Schiedermair)

* Gedächtnis der Armen (1981)

* *Übersetzung ins Deutsche* von M. Oraison,
  Was ist Sünde? (1968 – 1982)

* Gotteserfahrung, Mystagogie in der Theologie Karl Rahners und in der Theologie der Befreiung (1986)

* „Heute, wenn ihr seine Stimme hört" -
  Beiträge zu einer Theologie des Kairos (1998)

* Kosmos und Weltende. Theologische Überlegungen vor dem Horizont moderner Kosmologie (2001)

* Schicksal in Theologie und Philosophie (2008)

* Gottes-Dienst im Alltag. Der Apostel Paulus - Vordenker des Christentums (2009)

* Christsein als Alternative – Selbstfindung durch Glauben (2010)

* Vom Zeugnis zum Ärgernis? – Anmerkungen
zum Pflichtzölibat (2011)

* DAS IST MEIN LEIB, MEIN BLUT,
Die Eucharistie – Einführung in ihr Verständnis,
(2011)

* Auferstehung der Toten
Einführung in den Grund des Glaubens (2012)

* *Herausgeber* von Hermann Seifermann
Die Entdeckung Gottes in der Bibel (2012)

Dr. Klaus P. Fischer

Zufall oder Fügung?

Von der Begegnung mit dem Unberechenbaren

80 Seiten, € 7,90
ISBN-Nr.: 978-3-9814195-3-5

Die hier vorgelegten Überlegungen zu der Frage „Zufall oder Fügung?" möchten eine Denkhilfe sein, ein Denkanstoß. Sie berühren eine Frage, die von vielen nachdenklichen Menschen empfunden, aber selten artikuliert wird – wohl deshalb, weil ihre Formulierung Verlegenheit auslöst – etwa bei Rückfragen nach Beweisen – und nicht selten den Spott der Selbstsicheren und Pragmatiker hervorruft. Es erfordert also Mut, sich dieser Frage zu stellen und sich auf die Suche nach Klärung zu begeben. Dabei ist zu entdecken, dass der Mensch nicht nur aus und mit Hilfe von beweisbarem Wissen lebt, sondern auch – sogar tiefer – aus dem "Gefühl", aus Ahnung und Intuition, aus jenem „feinen Sinn", der – nach Pascal – das Erkenntnisorgan des Herzens ist.

Das Herz hat bekanntlich Gründe (raisons), die der Verstand (la raison) nicht kennt – „das erfährt man in tausend Dingen". Es gilt auch von der Erfahrung der Gegenwart und heilsamen „Fügung" Gottes an Kreuzungen der Lebensstraßen. Denn – so wieder Pascal - „Gott ist für das Herz erspürbar, nicht für den Verstand" – und darin bestehe der Glaube (Gedanken fr. 278).

DAS IST MEIN LEIB, MEIN BLUT

Die Eucharistie – Einführung in ihr Verständnis

Klaus P. Fischer

112 Seiten, € 9,90
Adlerstein-Verlag
ISBN 978-3844805437

In jungen Jahren hat man Katholiken ´beigebracht`, was in der hl. Messe geschieht. Aber: Ist ihr Verständnis des Gehaltes der Messfeier mit ihnen gewachsen? Ist auch ihr Verständnis ´erwachsen` geworden? Immer wieder im Lauf der Geschichte waren Sinn und Gehalt dieser Feier umstritten - etwa zwischen katholischer Kirche und den Reformatoren, aber auch unter den Reformatoren selbst. Die Reform der Mess-Liturgie, die das 2. Vatikanische Konzil vor rund 50 Jahren veranlasste, führte traditionalistische Kräfte damals wie heute zu der Einschätzung, die erneuerte Messfeier sei "neugläubig", also nicht mehr katholisch …

Das vorliegende Büchlein will durch die Erläuterung der zentralen biblischen Texte Erkenntnisse fördern, die ein grundlegendes Verständnis der Eucharistiefeier von ihren frühesten Anfängen an ermöglichen. Dabei kann es zu neuen und überraschenden Einsichten kommen. Wer seinen Glauben verstehen und zu einem soliden, selbständigen Urteil finden will, sollte sich in dieses Büchlein vertiefen.

Auferstehung der Toten
Einführung in den Grund des Glaubens

Klaus P. Fischer

120 Seiten, € 9,90
Adlerstein-Verlag
ISBN 978-3844818451

Umfragen zufolge glaubt nur etwa die Hälfte der Bevölkerung an ein Leben nach dem Tod: entweder an eine "unsterbliche" Seele, an Wiedergeburt (Seelenwanderung), oder an die "Auferstehung (Auferweckung) der Toten". Erschwerend wirkt, dass die Vorstellungskraft überfordert scheint und die Befunde der Naturwissenschaften den Glauben an ein Überleben des Todes nicht stützen. Ist es dennoch möglich, den Glauben an die biblisch bezeugte, von Gott gewährte Auferstehung vom Tod mit Hilfe von Vernunft und Erfahrung zu befestigen? Dieses kleine Buch möchte durch den Dschungel der Fragen und Zweifel einen Weg zum Grund des Glaubens eröffnen.

Die Entdeckung Gottes in der Bibel

Hermann Seifermann

120 Seiten, € 9,90
Adlerstein-Verlag
ISBN 978-3844814132

Das Wort „Gott" ist zum Fremd-Wort geworden.
Der heutige Mensch lebt im Gefühl, die weite Welt
genügend erforscht zu haben, ohne auf ´so etwas wie
Gott` zu stoßen. In den Kirchen wird aber weithin von
und über Gott gesprochen, als könne jede(r) wissen, was
mit „Gott" gemeint sei. In vielen Zuhörern kommt dabei
Langeweile auf: „Gott" wirkt auf sie wie ein theoretisches
Konstrukt – ohne Leben, ohne Dynamik, ohne Boden-
haftung. Der Autor, der sein Leben lang die Zeugnisse
der Bibel erforschte, fragt danach, was für besondere, ja
unvergleichliche Erfahrungen in Menschenleben, Welt
und Geschichte die Menschen des biblischen Raumes
machten, bis ihnen schließlich aufging, dass sie vor Gott
geraten waren. Die bei diesen Forschungen gewonnenen
Einsichten sind so elementar-grundsätzlich, dass sie „eine
Grundorientierung für unser Reden von Gott heute"
(Hermann Seifermann) bieten.